U0645313

青少年冰雪运动推进体育强省建设的机制与路径研究

赵培禹　著

哈尔滨工程大学出版社

Harbin Engineering University Press

内容简介

本书作为探索新时代体育强省建设的研究成果,紧密围绕青少年冰雪运动推进体育强省建设的理论与实践进行调查分析和理论研究,梳理了黑龙江省体育强省建设的实践和历史成就,提出新时代青少年冰雪运动推进体育强省建设的时代要求、机制与路径。

本书可供相关专业的学者和研究人员参考借鉴,也可为有关部门和机构的科学决策提供一定的参考。

图书在版编目(CIP)数据

青少年冰雪运动推进体育强省建设的机制与路径研究/
赵培禹著. —哈尔滨 : 哈尔滨工程大学出版社,
2023.11
　　ISBN 978-7-5661-4179-8

　　Ⅰ. ①青… Ⅱ. ①赵… Ⅲ. ①冰上运动-青少年读物
②雪上运动-青少年读物 Ⅳ. ①G86-49

中国国家版本馆 CIP 数据核字(2023)第 233085 号

青少年冰雪运动推进体育强省建设的机制与路径研究
QINGSHAONIAN BINGXUE YUNDONG TUIJIN TIYU QIANGSHENG JIANSHE DE JIZHI
YU LUJING YANJIU

选题策划　宗盼盼
责任编辑　张　彦　　王雨石
封面设计　李海波

出版发行	哈尔滨工程大学出版社
社　　址	哈尔滨市南岗区南通大街 145 号
邮政编码	150001
发行电话	0451-82519328
传　　真	0451-82519699
经　　销	新华书店
印　　刷	哈尔滨午阳印刷有限公司
开　　本	787 mm×960 mm　1/16
印　　张	10.75
字　　数	186 千字
版　　次	2023 年 11 月第 1 版
印　　次	2023 年 11 月第 1 次印刷
书　　号	ISBN 978-7-5661-4179-8
定　　价	55.00 元

http://www.hrbeupress.com
E-mail:heupress@ hrbeu.edu.cn

前　　言

体育承载着国家富强、民族振兴的希望。体育强则中国强,国运兴则体育兴。党的二十大开启了中国式现代化和中国特色社会主义事业的新征程。加快推进体育强国建设,是实现中国式体育现代化的必然要求,是党中央着眼实现中华民族伟大复兴做出的战略部署。习近平总书记高度重视体育强国建设,他强调,体育是提高人民健康水平的重要手段,也是实现中国梦的重要内容,能为中华民族伟大复兴提供凝心聚气的强大精神力量。他还指出,从体育强国到健康中国,人民的健康、人民的体质、人民的幸福,都是一脉相承的。这是全面小康、全面现代化的题中之义。它的意义,小中见大。

面对中国式体育现代化推进体育强国建设新征程,各地都要加快推进体育强省建设步伐,推动本地区体育领域高质量发展。作为体育强国组成部分的体育强省建设是一项系统工程,涉及群众体育、竞技体育、体育产业、体育文化、体育交流、体育人才、体育教育等多个领域,以及在各领域中所表现出的综合竞争力和对经济社会发展的融合力、引领力。只有在各地全面推进体育强省建设,才能实现体育强国的战略目标。因此,梳理黑龙江省体育强省建设的历史成就,明确中国式体育现代化推进体育强省建设的时代要求、重点任务及实现路径等尤为重要。

黑龙江省是中国最早开展冰雪运动的省份之一,是中国冰雪运动的发源地和冬奥冠军的摇篮,是三亿人参与冰雪运动的"排头兵"。中华人民共和国成立以来,黑龙江省体育事业从无到有、从弱到强,凭借冰雪资源的优势,逐渐形成了以冰雪运动为主导的特色体育发展之路,竞技体育成绩斐然,全民健身公共服务体系遍及城乡,体育产业发展特色鲜明。一代代黑龙江人用实际行动推进体育强省建设进程,尤其是在冰雪体育强省方面取得了一个又一个辉煌,为黑龙江省经济社会发展做出了重要贡献。具体表现在:一是竞技体育方面。黑龙江省运动员在 2022 年北京冬季奥运会上获得4 金 2 铜,黑龙江省先后培养出张虹、范可新、张雨婷、曲春雨、任子威、高亭宇、隋文静和韩聪等奥运冠军;黑龙江省先后承办了 1996 年第 3 届亚洲冬季运动会和 2009 年第 24 届世界大学生冬季运动会,为全世界冰雪运动发展做出了积极贡献。二是群众体育方面。黑龙江省各地群众喜闻乐见的全民健身活动遍地开花,群众冰雪运动参与率达到 57.8%,位列全国第一,累计带动全国近 9 500 万人次参与冰雪体验运动,成为"带动三亿人参与冰雪运动"的核心区。三是体育设施建设方面。黑龙江省加快推进城市"15 分钟健身圈"和"30 分钟冰雪健身圈"建设,全省人均体育场地面积从 2012 年的 1.13 m²,大幅提升到 2022 年的 2.10 m²。四是冰雪体育产业方面。黑龙江省成功创建国家体育产业示范单位 2 个,国家体育产业示范项目 1 个,国家级运动休闲特色小镇试点项目 1 个,国家级体育旅游精品项目 40 余个。2022 年,全省体育产业机构增至 2 037 家,个体工商户增至 6 514 家。这些成就和贡献为黑龙江省体育事业的发展奠定了良好的基础,必将加快体育强省建设的步伐。

本书是探索新时代冰雪运动,推进体育强省建设的研究成果。在研究过程中,我们紧密围绕青少年冰雪运动推进体育强省建设的理论与实践,进行了一系列调查分析和理论研究,在深入剖析校园冰雪运动发展现状及困境的基础上,探索新时代青少年冰雪运动推进体育强省建设的机制与路径,最终形成了近 20 万字的学术著作。

本书是著者及其所在课题组全体成员集体研究的成果,得到了黑龙江省哲学社会科学项目、黑龙江省教育科学规划项目,以及黑龙江省教育厅、冰雪特色学校等单位及相关领导与专家的大力支持,一些专家学者还就书稿的部分内容提出了宝贵的修改意见和完善建议。全书由赵培禹撰写,研究生孙雪微、谭裕林、王文辉、王若莲也参与了课题研究、书稿撰写和校对工作。在本书即将出版之际,谨向为本书撰写和出版提供帮助的单位、领导、专家学者和学生表示诚挚的感谢,更要感谢李尚滨教授、冯狄副教授等课题组老师的支持和付出。让我们共同为中国的体育事业而努力,为实现中国式现代化,推进体育强国建设、实现中华民族伟大复兴的中国梦做出自己的贡献!

本书参考了众多学者的研究成果和学术思想,力求论述客观准确,但有些观点仍不成熟,敬请各位专家斧正。

著　者
2023 年 8 月

目　　录

第一章 绪 论

1.1 研究背景与问题提出

党的二十大开启了体育强国建设的新征程，提出了中国式现代化推进中华民族伟大复兴的新使命，体育现代化是其重要组成部分。中国式体育现代化是指以中国特有的文化背景和体育传统为基础，结合现代科技和管理手段，将中国体育事业发展到国际先进水平，到 2035 年实现体育强国战略目标。学者普遍认为，中国式体育现代化的内涵至少包括以下几个方面：第一，落实全民健身计划，促进人民身体素质的提高，实现"健康中国"战略。中国式体育现代化应强调全民参与，推广全民健身计划，注重增强人民群众的体育意识，建立健康的生活方式，提高全体人民的身体素质。第二，提升竞技运动水平，推动中国文化走向世界，增强国家软实力。中国式体育现代化是提高运动员的竞技水平和综合素质的过程，目标是让中国运动员在世界体育舞台上取得更好的成绩、更高的荣誉，同时注重推广中华传统文化，弘扬民族精神，在全球范围内展示中华文化，为中华文化的传播和国家软实力的提升做出积极贡献。第三，推动体育产业发展，促进经济增长和社会进步。中国式体育现代化还应注重将体育产业化、市场化，挖掘体育资源潜力，推动体育产业发展，促进经济增长，创造更多就业机会，拓宽服务领域。第四，加强体育治理与管理，提升综合服务水平。中国式体育现代化应加强体育组织和管理体系建设，加强对体育市场、赛事运营等方面的监管，提高城乡居民公共体育服务水平，确保体育事业健康有序发展，从而实现体育强国建设战略目标。

体育强国建设是中国特色社会主义事业和中国式体育现代化的重要战略目标，是实现中华民族伟大复兴的必然要求。中国特色社会主义事业是新时代全面建设社会主义现代化强国的总目标，而体育强国建设是其重要组成部分，更是实现中华民族伟大复兴的重要战略举措。体育强国建设的首要任务是提高国民体质和健康水平，通过实施全民健身计划促进健康中国战略的实现。体育强国建设的另一个重要任务是提高中国竞技体育的实力，提高国际地位和影响力。此外，充分发挥体育在经济、社会、文化等方面的综合效应，推动全面协调可持续发展，尤其是大力发展体育产业和文化产业，促进文化创新和产业升级，助力经济转型升级和提质增效。体育强国建设还可以提升民族自信心和国家凝聚力，弘扬中华民族精神，促进民族团结与社会和谐。

黑龙江省面对体育强国建设和中国式体育现代化新使命、新征程，要加快推进体育强省建设步伐。黑龙江省地处中国东北部，是中国通往东北亚的门户之一，属寒温带地区，冬季漫长，夏季短暂，这为黑龙江省的冰雪旅游、冰雪运动和冰雪产业提供了得天独厚的气候条件和资源优势。2020 年 9 月，《黑龙江省人民政府办公厅关于推进体育强省建设的实施意见》（黑政办发〔2020〕27 号）提出，体育强省建设总体目标是，到 2035 年，经常参加体育锻炼人数占比和人均体育场地面积超过全国平均水平，大众冰雪健身成为在全国具有影响力的全民健身品牌活动；冰雪体育居于全国领先地位，在全国冬运会上保持第一，在每届奥运会上至少获得 1 枚金牌，在每届冬奥会上为国家贡献率全国领先；体育产业总规模达到 2 000 亿元，人均体育消费达到人均可支配收入的 3%。到 21 世纪中叶，全面建成体育强省。人民群众对体育的需求得到充分满足，参加全民健身成为人们生活的重要组成部分，竞技体育水平保持全国前列，成为冰雪体育在世界上具有一定影响力和知名度的省份，体育产业占地区生产总值的 4% 以上，体育总体发展水平进入全国先进行列。

近年来，中国冰雪运动实现了跨越式发展。截至 2021 年底，中国冰雪运动参与人数达到 3.6 亿人次。中国抓住筹备和举办北京 2022 年冬奥会和冬残奥会的契机，实现"三亿人参与冰雪"的冬奥承诺，扩充全世界冰雪运动人口，为奥林匹克运动做出新贡献[①]。青少年是三亿人参与冰雪运动的重要群体和主力军，让更多青少年喜爱并且参与冰雪运动，就要让冰雪

---

① 中华人民共和国中央人民政府. 申办冬奥会：北京发出郑重承诺 [EB/OL]. (2015-03-29) [2023-08-10]. http://www.gov.cn/xinwen/2015-03-29/content_2839955.htm.

运动"走进校园""走近学生"①。因此，2019 年 6 月，教育部、国家发展改革委、财政部、国家体育总局发布了《关于加快推进全国青少年冰雪运动进校园的指导意见》（教体艺〔2019〕3 号）②（下文简称《指导意见》）。这是中国政府兑现中国承诺的切实行动，也为校园冰雪运动发展提供了政策保障，同时也意味着学校体育改革步入了"深水区"。共享学校和社会冰雪体育资源，强化冰雪教育和青少年冰雪体育，把"冰天雪地"变成学校体育的"金山银山"，这是黑龙江省贯彻习近平总书记关于"冰天雪地也是金山银山"重要讲话精神的重要举措，也是全面深化学校体育改革的必然要求和发展冰雪运动的重要保障，必将推动"体育强省"战略的顺利实施和三亿人参与冰雪运动的高质量发展。

然而，现阶段学校冰雪教育资源不均衡的矛盾仍然突出，学校和社会之间冰雪教育资源共享的制度障碍和行业壁垒依旧存在，严重制约着校园冰雪运动的发展。因此，从供给侧改革视角，研究以体育联盟的发展方式，实现青少年冰雪教育资源的共建共享，这是当前解决冰雪教育资源不均衡问题的有效途径。

与此同时，《指导意见》还提出，发挥特色学校带动作用推广普及校园冰雪运动。截至 2020 年底，教育部已经遴选了 2 063 所全国冰雪运动特色学校，北方地区的学校是主力军。黑龙江省更是较早开展冰雪运动特色学校遴选工作的省份之一，目前有 250 所全国冰雪运动特色学校，占全国冰雪运动特色学校总数的 1/10；同时，黑龙江省也遴选和建设了 524 所省级冰雪运动特色学校。但是，作为"排头兵"的黑龙江省冰雪运动特色学校的发展处于什么状态？如何充分发挥冰雪运动特色学校在推进冰雪运动进校园工作中的带动作用？这就要调查了解其发展现状，梳理冰雪运动特色学校发展中的典型案例和经验，从而提出特色带动下冰雪运动进校园的推进机制，对接体育强省战略，分析青少年冰雪运动推进体育强省建设的机制和路径，为有关部门科学决策提供借鉴参考。

---

① 伊晓彤，孙鸣浩．冬奥会背景下冰雪运动进校园的传播策略研究［J］．冰雪运动，2017，39（5）：67-70.

② 教育部．关于加快推进全国青少年冰雪运动进校园的指导意见［EB/OL］．（2019-06-17）［2023-08-10］．http://www.gov.cn/xinwen/2019-06/17/content_5400932.htm.

1.2 研究目的与意义

1.2.1 研究目的

就研究目的而言，主要包括以下四个方面。

第一，在中国式体育现代化推进体育强国建设背景下，分析冰雪运动推进体育强省建设的时代要求、重点任务，以及推进机制和实现路径。

第二，对冰雪教育资源共享机制进行操作性定义，明确研究的内涵和外延，提出冰雪教育资源共享机制，分析冰雪运动进校园政策要素与推进机制理论模型，为推进冰雪教育资源共享和冰雪体育强省建设提供理论基础和实践经验。

第三，了解冰雪特色学校建设现状，梳理冰雪特色学校建设典型案例和经验，构建冰雪特色学校评价指标体系，为有关部门和学校提供青少年冰雪体育发展评价工具。

第四，构建冰雪运动进校园推进机制理论模型，明确理论模型相关要素和作用方式，探索冰雪体育联盟方式及运行机制，以及部分学校和俱乐部校企联盟方式及其运行机制，形成推进冰雪运动进校园的决策建议，从而加快冰雪体育强省建设步伐。

1.2.2 研究意义

就研究的理论意义而言，从特色引领视角，提出冰雪运动进校园推进机制和冰雪教育资源共享机制，以及青少年冰雪运动推进体育强省建设的机制与路径，这为体育强国建设研究提供了新思路；同时，研究提出的推进机制是扎根中国大地研究出的话语体系和解释框架，有利于深刻认识和挖掘习近平总书记提出的"冰天雪地也是金山银山"的理论精髓和发展理念，有利于探索青少年冰雪体育发展的"中国模式"和"中国经验"，对推动形成中国特色校园冰雪运动发展格局，具有重要的理论意义和学术价值。

研究的现实意义和应用价值主要体现在：对青少年冰雪运动推进体育强省建设的理论和现实问题进行横向比较与纵向梳理，有助于发现和解决青少年冰雪体育发展的实际问题，提出操作性较强的冰雪教育资源共享机制和策略，不仅在于对问题的深刻认识和解决，更有助于加快推进体育强省建设步伐，为三亿人参与冰雪运动高质量发展提供决策咨询与实证支持。

此外，本研究的实际应用价值还体现在三个方面：一是为有关部门和学校提供冰雪特色学校发展建设与评价依据；二是为冰雪运动进校园和其他运动项目进校园工作提供理论指导和实证支持；三是为加快推进冰雪体育强省建设提供决策参考。

1.3 学术史梳理与研究动态

1.3.1 国外研究动态

最早的冰雪运动可以追溯到公元前 3 000 年的北欧地区，当时人们已经开始进行滑雪运动。之后，北欧人发明了冰刀，使得冰上滑行变得更加自在。18 世纪，滑雪运动开始在欧洲流行，19 世纪后期，冰球、花样滑冰等运动也相继诞生。20 世纪初，瑞典的 Svensson 发明了现代滑雪板，使得滑雪运动变得更加流行。此后，越来越多的学者开始对滑雪运动的原理、技巧、训练等进行研究。20 世纪 50 年代，芬兰的一个团队提出了"斜坡角度理论"，对滑雪运动的技术和训练产生了很大的影响。同时，还有学者对冰球、速度滑冰、冰壶等运动进行了理论研究。国外关于青少年冰雪体育方面的研究较少，主要集中在青少年参加冰雪运动伤害及风险防范方面；关于青少年体育方面的研究较多，主要集中在：发挥青少年体育组织的积极作用；体育竞赛对青少年发展的作用；青少年参与体育运动的模式、态度和动机；青少年体育性别差异问题等。

全球公认的体育强国包括美国、德国、澳大利亚、日本等国家。美国的体育产业规模庞大、文化底蕴深厚、运动员实力强大、体育科技领先、影响力广泛，成为全球公认的体育强国之一，尤其在赛事组织、广告、媒体、体育用品、健身俱乐部等多个领域，形成了庞大的经济体系。英国政府大力推进全民健身计划和奥运会备战工作，在足球、网球、田径、游泳等多个项目上均有出色表现，提升了英国在国际体育舞台上的地位和影响力。德国是欧洲的体育强国之一，其在足球、田径、游泳等多个项目上均有卓越的表现。澳大利亚政府高度重视体育事业的发展，在游泳、田径、板球等多个项目上均有出色表现，并在体育科技领域不断创新，推动了体育产业的发展。这些国家政府高度重视体育事业的发展，不断创新和推动体育产业的发展，同时也在国际体育舞台上取得重要的成果和较高的地位。相关研究聚焦在体育强国的影响因素分析上，Greg Blood 和 Matthew Nicholson 认为，政府的积极参与是澳大利亚成为体育强国的关键因素之一；Mark Dyreson 认为，精英体育是美国成为体育强国的重要因素之一；Koichi Nakazato 认为，运动科学的发展是日本成为体育强国的重要因素之一。Green、Oakel 和 De Bossher 等分析了美国、英国、法国、西班牙等竞技体育强国的 9 个影响因素，这对中国体育强国建设有一定的借鉴意义。

1.3.2　国内研究动态

1. 青少年冰雪体育

（1）学术史梳理

中国的青少年冰雪运动热潮可追溯到 1978 年的"百万青少年上冰雪"活动。国内最早对此展开研究的是柳燕，她指出，在"百万青少年上冰雪"活动中应加强宏观调控。之后开展相关研究的是刘晓梅、熊健、马瑞、刘晋等，他们的研究焦点在：百万青少年上冰雪现状、特征与对策，全民健身与冰雪运动发展的关系，以及青少年冰雪体育参与人群特征分析等。当前，学者主要关注冰雪运动进校园与冬奥会项目后备人才培养和奥林匹克教育进校园等问题。在北京 2022 年冬奥会的带动下，该领域研究引起了许多学者的关注。

（2）研究动态

相关研究动态与重大赛事密切相关，可划分为以下三个阶段。

第一阶段是现状分析阶段（标志性赛事：1996 年哈尔滨亚冬会）。中国青少年冰雪运动可追溯到 1978 年，当时的黑龙江省体委、教委等 12 家单位联合开展了"百万青少年上冰雪"活动。1996 年哈尔滨亚冬会的召开，引发了全国冰雪运动的热潮和学者的关注，柳燕、刘晓梅、熊健等少数学者针对不同时期"百万青少年上冰雪"活动的现状、特征及对策展开了研究。此阶段研究内容尚不够深入，研究方法以调查法为主。

第二阶段是内涵阐释阶段（标志性赛事：2009 年哈尔滨大学生冬季运动会）。许多学者深入研究"百万青少年上冰雪"的内涵、特征及策略。此阶段研究仍以调查法为主，可喜的是，在举办 2009 年世界大学生冬季运动会的过程中，学者理性思考开展冬奥会战略普及冰雪运动，以及冰雪后备人才培养机制等问题。

第三阶段是学理分析阶段（标志性赛事：2022 年北京冬奥会）。2015 年中国成功申办北京冬奥会，引发了大批学者关注冰雪运动。学者采用混合研究方法，聚焦大众冰雪健身供给侧改革、青少年冰雪体育政策演进、冰雪运动进校园推进机制等问题，尤其是在冰雪运动进校园的内涵和路径的选择上有深入的阐释，为本研究奠定了前期基础。

综上，凭借着黑龙江省优越的地域、气候和冰雪资源条件，"百万青少年上冰雪"活动持续发展，已经成为对全国具有示范引领作用的品牌活动。但不同时期的"百万青少年上冰雪"活动也出现了一些制约因素。熊健认为，制约青少年开展冰雪运动的影响因素，按重要程度排序依次为：家长的束缚、应试教育体制的影响、资金投入不足、专业指导人员的匮乏、场地设施等条件不足和学生的主观因素等方面。许多学者也提出了相同观点[1]。这表明，制约青少年冰雪运动发展的上述现实问题仍待解决，有必要从政府、社会、学校、家庭和学生的角度研究解决这些问题。

2. 冰雪体育供给侧改革

（1）学术史梳理

供给侧改革是美国提出的用于发挥市场机制和作用，减少政府干预为主的经济学政策，中国学者广泛关注此政策是在 2016 年，体育学领域学者也展开了研究，随后程翀、杨雅晰等学者对学校体育供给侧改革进行了研究。对于冰雪体育供给侧改革研究最早的是程文广，他论述了大众冰雪健身供给侧治理路径，提出应形成政府、协会、社会、市场、企业等共同参与的治理模式。

（2）研究动态

有学者提出采用多中心治理实现供给主体多元化；完善体育公共服务

---

① 马正辉，张良祥."冰雪进校园"制约因素及对策研究［J］．科技视界，2018，(10)：134-135.

供给制度。冰雪体育供给是政府、企业和社会向大众冰雪消费者提供的健身服务的数量与质量。学者论述学校体育资源供给侧对需求侧变化适应性滞后的问题，对学校体育作为教育供给产品的研究不多。课题组将学生冰雪体育课和体育竞赛等冰雪教育视为青少年公共体育产品和服务并加以研究。因此，处理好青少年冰雪体育产品和服务的供给方式、供给能力和需求三者之间的关系，形成政府扶持、协会引导、学校主体、企业参与的多中心供给模式，是实现学校冰雪教育资源供求均衡的关键所在。

现阶段青少年冰雪体育发展不均衡的矛盾主要体现在中国不同地域之间、城乡之间，以及不同学段之间学校冰雪体育差异较大，与青少年体育其他方面相比，冰雪体育发展明显滞后；不充分主要体现在青少年冰雪体育课和冰雪竞赛的规模和质量上。近几年，黑龙江省不断出台措施，开发冰雪课程，开展"冰雪欢乐节"等冰雪主题课外活动，举办学生冬季运动会、越野滑雪等冰雪赛事。这些举措和活动推动了冰雪运动进校园，促进了学校冰雪教育和青少年冰雪体育的发展。伴随着休闲娱乐消费的升级和体育产业的发展，青少年体育培训等社会冰雪教育也在蓬勃发展，高端小众的冰雪体育项目正在逐步得到普及，成为像冬令营一样的青少年体育培训的"宠儿"。然而，正如前文所述，青少年冰雪运动进校园还存在着制度障碍和行业壁垒。因此，如何打破学校和社会之间冰雪教育资源供给的制度障碍和行业壁垒，有效解决校园冰雪教育资源供给不足、配置不均衡的顽疾，是亟待解决的重要课题。

3. 体育联盟

（1）学术史梳理

"联盟"最早出现在国家战略领域，而后在经济和职业体育等领域也有学者提出。伴随着教育事业的成立，学校体育领域内的各种联盟也相继成立，其类型、范围不断丰富和变化，引发了众多学者对体育教学联盟和学校体育运动联盟的研究。2014年，经教育部体育卫生与艺术教育司批准，中国已成立了篮球、排球和足球等7个单项体育运动联盟，以及全国学校体育联盟（教学改革）和全国学校体育联盟（体育教育）两个综合联盟。这些联盟旨在促进学生的身心健康和体魄强健，制定高等学校体育教育专业综合改革方案，开发体育教育专业人才培养的标准和培养机构标准等。黑龙江省学者也开展了民办高校体育教学联盟构建研究。

（2）研究动态

联盟的典型特征是合作与竞争，这种合作与竞争的属性与职业体育的本质一致，使得职业体育联盟最早得以发展。Neale P 研究认为，职业体育联盟竞争存在于运动竞赛层面而不存在于职业体育联盟中。职业体育联盟要为运动员和消费者提供体育竞赛产品。体育竞赛产品包括"商品"和"公共产品"两种属性。"公共产品"通常表现为由政府或社会团体提供的、多数人共同消费或享用的产品或服务。学校体育联盟是执行体育教学合作的教学联合体。教学联合体的核心是教学合作和教育资源共享，体现了"教育无边界"的思想。2014 年教育部组建了全国学校体育联盟（教学改革）综合联盟。学校体育联盟之间的合作主要体现在两个方面：一是共同发展体育课程；二是定期举办联盟竞赛。

综上所述，尽管有学者已经认识到构建学校体育联盟的重要意义，但对于冰雪体育联盟的内涵与特征，影响冰雪体育联盟构建和制约冰雪教育资源共享的因素，以及因素之间的相互关系，现有研究很少涉及；未能将青少年冰雪体育的供求关系和冰雪教育作为一个整体进行研究。基于体育联盟的冰雪教育资源共享机制也存在没有被发现的理论或视角。

4. 体育强国建设

（1）学术史梳理

体育强国建设可以追溯到 20 世纪初，当时的中国体育事业仍处于落后状态，在体育的大众化、职业化进程中，中国人对体育的认识逐渐转变，对体育发展的重视程度也在不断提高。中国政府大力推进体育事业的发展，不断加大对体育的投入力度，开展了一系列的改革和创新。1951 年，中国首次参加了亚运会并取得了不俗的成绩，这标志着中国体育开始走上国际舞台。1965 年，中国体育界第一次提出了"体育科学化"这一概念，标志着中国体育事业从单纯的运动员训练转向了科学化管理。

20 世纪 80 年代以后，中国政府进一步加大了对体育事业的投入，开展了一系列的改革和创新。1995 年，中国政府提出了"竞技体育强国"战略，将体育事业的发展与国家发展紧密结合起来。2008 年，中国成功举办了北京奥运会，2022 年，又成功举办了北京冬奥会，这被认为是中国体育事业的一次重大突破，北京成为"双奥城市"，展现了中国体育事业蓬勃发展的势头。

总之，中国体育事业从落后到逐渐崛起，经历了多次改革和创新。当前，中国已经成为世界竞技体育强国之一，成为包括奥运会、世锦赛在内的国际体育赛事的"排头兵"，体育事业成为全民关注的热点，体育强国建设成为中华民族伟大复兴之路上的重要目标与任务。

（2）研究动态

2019 年，国务院办公厅印发《体育强国建设纲要》，引发了大批学者的关注，代表性学者有鲍明晓、田雨普、王飞、全海英、叶海波等，研究聚焦在中国式体育现代化与体育强国建设的关系分析上，向着多层次、多维度方向发展，由单独片面地强调竞技体育水平转到群众体育、学校体育、全民健身、体育治理等方面的综合发展。有学者认为，冰雪运动高质量发展与体育强国建设高度契合，在实现路径上需加大公共服务供给、重视供给侧结构性改革、创新文化传播及展现中国冰雪特色等。相关研究主要围绕以下几个方面展开。

一是体育强国建设的政策制定和实施。学者对体育强国建设的政策制定和实施进行了深入探讨，主要包括政策背景、政策内容和政策效果等方面，特别是国家层面政策制定的科学性和实施的有效性，成为研究的热点。二是体育基础设施建设。体育基础设施建设是体育强国建设的重要方面，也是学者研究的重点。近年来，学者对体育场馆、运动场地、体育设施管理等方面进行了深入研究，提出了相应的建设和管理策略。三是体育产业的发展与创新。体育产业是体育强国建设的重要支撑，也是中国经济转型升级的重点。学者对体育产业的发展和创新进行了广泛研究，提出了一些具有启示性的案例和策略。四是体育人才培养的改革和创新。体育人才培养是体育强国建设的重要方面，也是研究的重点之一。学者提出了一些有效的体育人才培养和管理策略。

此外，学者还分析了已有研究成果的不足之处：一是多数研究成果都注重宏观层面探讨，忽视新时代体育强省建设语境下认识体育事业各要素之间的相互关系研究；二是注重中观层面的研究成果，缺少在新时代体育强省建设语境下从区域差异、经济差异、文化差异、人口特征、地理空间特征去准确把握体育强省建设的研究[①]。

总之，近年来学界对群众体育、竞技体育、体育产业、体育文化、体育交流、体育人才等进行了深入探讨，高水平研究成果众多，为本研究提

---

① 朱伟耿，王凯，车冰清．新时代体育强省建设理论与实践［M］．北京：科学出版社，2019.

供了一定的理论借鉴和方法参考。在研究内容上主要涉及有关体育事业发展中某一方面的内涵与构成要素、发展战略目标、发展思路、发展路径研究等主题。与此同时，冰雪运动高质量发展将为体育强国建设发挥基础性、动力性作用，体育强国建设要从政策、人才、科技、文化等方面全面进行。相关研究已经起步，但从青少年冰雪视角，研究冰雪运动如何为体育强省建设注入强劲动力还未进入学者的研究视野。研究的重点及方向要更加注重体育强省建设的科学体系、体育强省建设的要素、体育强省建设的内外部关联与协调等领域。

5. 中国式体育现代化

习近平总书记在党的二十大报告中指出："中国式现代化，是中国共产党领导的社会主义现代化，既有各国现代化的共同特征，更有基于自己国情的中国特色。"[①] 体育强国建设是中国式体育现代化的重要组成部分，要充分反映中国式体育现代化的典型特征。中国式体育现代化是在中国共产党领导下，中国体育在实现全地域覆盖、全周期服务、全社会参与、全球化合作、全人群共享中助推国家富强、民族复兴、人民幸福的过程，具体体现在五个方面。

第一，中国式体育现代化是中国共产党领导的现代化。自 1949 年以来，中国共产党一直致力于将中国的体育事业发展成为符合国际标准，并能代表中国在国际体育舞台上竞争的现代化体育体系。在这一过程中，中国通过不断探索和实践，总结出一套科学的管理体制和运行机制，推动了中国体育的发展。同时，注重培养优秀的体育人才，并提供良好的体育设施和资源支持，努力提高中国体育的整体水平。通过这些努力，中国体育在国际赛事中取得了优异的成绩，成为体育大国之一。中国式体育现代化的进程仍在不断推进，党的二十大开启了中国式现代化推进中华民族伟大复兴的新征程，中国共产党必将领导并推进中国体育的现代化进程。

第二，中国式体育现代化是为了满足人民对美好生活的需要而进行的现代化进程。体育作为人民群众广泛参与的活动，对提高人民群众的身体素质、形成健康生活方式、增加社会活力和培养民族精神等方面都具有重要作用。中国共产党始终把人民的利益放在首位，通过推动体育现代化，

---

① 习近平. 高举中国特色社会主义伟大旗帜 为全面建设社会主义现代化国家而团结奋斗：在中国共产党第二十次全国代表大会上的报告［N］. 人民日报，2022-10-26（01）.

旨在满足人民对健康的需要和多样化的体育生活方式的需求。中国致力于建设全民健身服务体系，提供全面、普及、多样的体育活动和设施，让人民群众能够方便地参与各类体育运动，让人民享受到更好的体育服务和福利，促进全民身心健康。通过这一现代化进程，中国不仅满足了人民对美好生活的需要，也进一步推动了全民健身运动的发展，促进了社会的和谐与进步。

第三，中国式体育现代化是体育领域实现高质量发展的现代化进程。体育现代化的目标是从体育大国迈向体育强国，提高全民健康水平，培养优秀的体育人才，推动国家体育事业的繁荣发展。中国式体育现代化的核心是促进体育领域高质量发展。高质量发展要求体育事业必须注重科学性、专业性、公平性和可持续性。只有确保体育事业的科学性和专业性，才能培养出优秀的运动员和教练员，提高竞技水平；只有保障体育事业的公平性，才能让更多的人参与体育运动，享受运动的乐趣；只有确保体育事业的可持续性，才能让体育产业真正繁荣发展，为国家经济社会发展做出贡献。中国式体育现代化是一个复杂而综合的过程和系统，需要政府、社会各界和每个人的共同努力。通过不断加大投入、创新体制机制、培育市场主体、鼓励社会参与，中国式体育现代化将不断取得新的成就，推动中国的体育事业迈上新的台阶。

第四，中国式体育现代化是弘扬中华体育精神的现代化进程。中华体育精神是指中华民族特有的体育观念、体育精神和体育价值观，是中国体育文化的核心和灵魂。弘扬中华体育精神是中国式体育现代化的重要原则和使命。中华体育精神蕴含着民族文化传统、历史传承和价值观念。它包括爱国主义精神、团结协作精神、勤劳奋进精神、自强不息精神、追求卓越精神、北京冬奥精神等。这些精神价值在中国历史上的各种体育中得到体现。它们代表了中华民族的凝聚力和创造力，是中国式体育现代化必须坚持、继承和发扬的宝贵财富。弘扬中华体育精神不仅仅是中国式体育现代化的内在要求，也是中国体育事业的传统与特色。通过弘扬中华体育精神，中国体育将更好地融入国家发展战略中，增强民族凝聚力和自信心，为推动国家各方面发展做出重要贡献。同时，也将向世界展示中国体育文化的独特魅力和中华民族的精神风貌。

第五，中国式体育现代化是构建人类命运共同体的现代化进程。作为一个拥有庞大人口的大国，中国式体育现代化不仅仅关乎本国体育事业的发展，更关乎国际体育的交流与合作，以及推动世界体育事业的共同发展。正如北京奥运会和北京冬奥会为推动奥林匹克运动在全世界的发展做出的重要贡献一样。构建人类命运共同体是中国提出的重要理念和倡议，旨在推动全球发展，实现共同繁荣。体育作为一种跨越国界、凝聚人心的文化形式，具有丰富的跨文化交流和融合的潜力，能够促进各国间的相互理解、信任。中国式体育现代化将致力于推动体育交流与合作，通过举办国际体育赛事、开展体育文化交流活动等多种形式，为各国运动员、教练员和体育管理人员提供交流、学习和展示的平台，促进不同国家间的体育文化交流与理解。同时，中国积极参与国际体育组织和国际体育事务的合作与协调，推动奥运会、亚运会等重大体育赛事的成功举办，为世界体育事业的发展和繁荣做出了重要贡献。中国体育的现代化进程同时促进了国际社会对中国的了解和认知，加强和增进了人与人之间的交流与友谊，为构建人类命运共同体贡献了中国的力量。此外，中国从全球视角出发，积极参与全球治理体系的改革和完善，推动体育在促进全球发展中发挥更大的作用。总之，中国式体育现代化将为实现人类命运共同体做出积极贡献。

1.3.3 核心概念界定

1. 冰雪教育资源

冰雪教育是指在冰雪运动方面有计划、有目的、有组织的体育教育过程。包括政府和学校向学生提供的冰雪人才培养、冰雪体育课程、健身与培训、竞赛与服务等。本课题界定的冰雪教育资源，是指学校冰雪运动教学场地、场馆、仪器、设备、图书资料、信息资源、人力资源等，还包括由社会提供的冰雪体育人、财、物等资源的总和。

2. 冰雪体育联盟

冰雪体育联盟是执行冰雪体育教学、培训与竞赛的学校体育全面合作的联合体。其核心是青少年冰雪体育各领域的全面合作与资源共享，它是解决青少年冰雪体育供给侧改革的有效路径。

3. 冰雪运动特色学校

冰雪运动特色学校特指为推动校园冰雪运动发展，按照《教育部办公厅关于做好全国青少年校园冰雪运动特色学校及北京2022年冬奥会和冬残奥会奥林匹克教育示范学校遴选工作的通知》遴选出来的全国青少年冰雪运动特色学校，以及各省市遴选出来的省级冰雪运动特色学校。

1.4 研究方法

1.4.1 问卷调查法

我们采用问卷调查的方法进行现状调查，共进行了两次调查：第一次是针对黑龙江省中、小学校校园冰雪运动的普查工作，时间是 2019 年 3 月；第二次是针对冰雪运动特色学校的抽样调查，时间是 2021 年 4 月。两次调查结果可作为黑龙江省冰雪教育发展情况报告的依据。

1. 问卷设计

根据研究的需要，结合前期文献整理以及深度访谈资料，编制了《黑龙江省中小学校冰雪运动情况调查表》《黑龙江省冰雪特色学校建设情况调查表》问卷初稿，对问卷初稿进行修改后进行了问卷效度检验，最后确定正式调查问卷。

2. 问卷效度检验

为了确保问卷的效度，在正式发放问卷之前，由 5 名副教授以上职称的专家对问卷各条目的内容效度（I-CVI）和结构效度（S-CVI/UA）进行评价，课题组根据专家的意见，对问卷进行反复修改和补充。《黑龙江省冰雪特色学校建设情况调查表》问卷专家效度检验表见表 1-1。

表 1-1 《黑龙江省冰雪特色学校建设情况调查表》问卷专家效度检验表

条目	专家评分					评分为 3 或 4 的专家人数	I-CVI	PC	K＊	评价
	A	B	C	D	E					
1	4	4	4	4	4	5	1.00	0.041	1.00	优秀
2	4	4	4	4	4	5	1.00	0.041	1.00	优秀
3	4	4	4	4	4	5	1.00	0.041	1.00	优秀
4	4	4	4	4	4	5	1.00	0.041	1.00	优秀
5	4	4	4	4	4	5	1.00	0.041	1.00	优秀
6	4	4	4	4	4	5	1.00	0.041	1.00	优秀
7	4	4	4	4	4	5	1.00	0.041	1.00	优秀
8	4	4	4	4	4	5	1.00	0.041	1.00	优秀

表 1-1 (续 1)

条目	专家评分					评分为 3 或 4 的专家人数	I-CVI	PC	K*	评价
	A	B	C	D	E					
9	4	4	4	4	4	5	1.00	0.041	1.00	优秀
10	4	4	4	4	4	5	1.00	0.041	1.00	优秀
11	4	4	4	4	4	5	1.00	0.041	1.00	优秀
12	4	4	4	4	4	5	1.00	0.041	1.00	优秀
13	4	4	4	4	4	5	1.00	0.041	1.00	优秀
14	4	4	4	4	4	5	1.00	0.041	1.00	优秀
15	4	4	4	4	4	5	1.00	0.041	1.00	优秀
16	4	4	4	4	4	5	1.00	0.041	1.00	优秀
17	4	4	4	4	4	5	1.00	0.041	1.00	优秀
18	4	4	4	4	4	5	1.00	0.041	1.00	优秀
19	4	4	4	4	4	5	1.00	0.041	1.00	优秀
20	4	4	4	4	4	5	1.00	0.041	1.00	优秀
21	4	3	4	4	4	5	1.00	0.041	1.00	优秀
22	4	4	4	4	4	5	1.00	0.041	1.00	优秀
23	4	4	4	4	4	5	1.00	0.041	1.00	优秀
24	4	4	4	4	4	5	1.00	0.041	1.00	优秀
25	4	4	4	4	4	5	1.00	0.041	1.00	优秀
26	4	4	4	4	4	5	1.00	0.041	1.00	优秀
27	4	4	4	4	4	5	1.00	0.041	1.00	优秀
28	4	4	4	4	4	5	1.00	0.041	1.00	优秀
29	4	4	4	4	4	5	1.00	0.041	1.00	优秀
30	4	4	4	4	4	5	1.00	0.041	1.00	优秀
31	4	4	4	4	4	5	1.00	0.041	1.00	优秀
32	3	4	4	4	4	5	1.00	0.041	1.00	优秀
33	4	4	4	4	4	5	1.00	0.041	1.00	优秀
34	4	4	4	4	4	5	1.00	0.041	1.00	优秀
35	3	4	4	4	4	5	1.00	0.041	1.00	优秀
36	4	4	4	4	4	5	1.00	0.041	1.00	优秀

表 1-1（续 2）

条目	专家评分					评分为 3 或 4 的	I-CVI	PC	K*	评价
	A	B	C	D	E	专家人数				
37	4	4	4	4	4	5	1.00	0.041	1.00	优秀
38	4	4	4	4	4	5	1.00	0.041	1.00	优秀
39	4	4	4	4	4	5	1.00	0.041	1.00	优秀
40	4	4	4	4	4	5	1.00	0.041	1.00	优秀
41	4	3	4	4	4	5	1.00	0.041	1.00	优秀
42	4	4	4	4	4	5	1.00	0.041	1.00	优秀
43	4	4	4	4	4	5	1.00	0.041	1.00	优秀
44	4	4	4	4	4	5	1.00	0.041	1.00	优秀
45	4	4	4	4	4	5	1.00	0.041	1.00	优秀
46	4	4	4	4	4	5	1.00	0.041	1.00	优秀
47	4	4	4	4	4	5	1.00	0.041	1.00	优秀

问卷中的 47 个条目 I-CVI 均为 1.00，K* 均为 1.00，表明该问卷内容效度优秀。47 个条目全部专家评为 3 或 4 分，S-CVI/UA 为 1，大于 0.8，因此，该问卷具有较高的结构效度。

3. 问卷的发放与回收

本研究采用分层随机抽样的方法，对黑龙江省 13 个地市的冰雪特色学校进行抽样调查，利用问卷网进行网络发放与回收。共收回问卷 287 份；有效问卷 287 份，有效率为 100%，时间为 2021 年 4 月。问卷发放与回收情况表见表 1-2。

表 1-2　问卷发放与回收情况表

城市	发放数量	有效问卷	有效回收率
哈尔滨市	64	64	100%
齐齐哈尔市	37	37	100%
牡丹江市	44	44	100%
佳木斯市	9	9	100%
大庆市	9	9	100%

表 1-2（续）

城市	发放数量	有效问卷	有效回收率
绥化市	21	21	100%
伊春市	17	17	100%
黑河市	23	23	100%
七台河市	16	16	100%
鸡西市	19	19	100%
鹤岗市	7	7	100%
双鸭山市	8	8	100%
大兴安岭地区	13	13	100%
合计	287	287	100%

1.4.2 扎根理论和田野调查法

学校和社会冰雪教育资源具有鲜明的地域性和周期性特征，因此，要想深入了解冰雪教育资源的真实状况与特点，就要求我们进行长期、深入的实地考察。在研究过程中，课题组成员参与各级各类学校冰雪运动推广和学生冰雪竞赛工作，在长期的实地参与中，研究者从"局外人"变成"局内人"，展开冰雪教育工作，从根源上探究问题产生的原因与解决的办法，从而使课题的研究更真实和可靠，具有学术价值的同时更具有实用性。资料来源渠道见表 1-3。

表 1-3　资料来源渠道

来源渠道	资料名称	资料数量
中国知网	相关文献	45
教育部官网、教育厅官网、国家体育总局官网	政策文件	11
冰雪特色学校的校长、教师	访谈资料	4
冰雪特色学校的内部资料	典型经验 工作总结	31

1. 资料收集

课题组通过多种方式和渠道获取质性研究所需资料，主要包括：（1）在中国知网下载相关文献；（2）通过相关网站收集冰雪相关政策文件；（3）对冰雪特色学校的管理人员、体育教师进行半结构化的现场或网络访谈并记录资料；（4）收集部分冰雪特色学校的典型经验、工作总结等资料31份（10余万字）。为了保证质性研究的信度和效度，采用Matthew等所提出的三角互证法（三角校正法）对所收集的不同来源的资料进行相互验证[①]。

运用Nvivo12软件的编码比较功能，两位编码者对相同的编码材料进行编码比较，计算编码"Kappa系数"和"一致性百分比"检查编码节点的数据信度。结果显示，Kappa系数（K）= 1，大于0.75，表示编码一致性非常好，一致性百分比在78.36%~98.46%之间，表示编码信度较高。

2. 资料编码

基于扎根理论的质性研究方法，从经验资料中发现、发展和检验理论，通过编码来梳理概念和概念之间的关系，形成初步假设，最后将理论进行整合。因此，课题组成员使用Nvivo12软件对收集的资料进行三级编码，分别为开放性编码（一级编码）、轴向性编码（二级编码）和选择性编码（三级编码）。

（1）开放性编码

开放性编码是编码过程的第一个阶段，首先将资料拆分后进行分解编码，编码者需要保持客观态度，根据不同编码内容设置节点名称，然后通过不断比较节点内容，有针对性地进行节点合并，进而得出初始概念和初始范畴[②]（图1-1至图1-10）。

[①] 沈晖. 三角校正法的意义及其在社会研究中的应用［J］. 华中师范大学学报（人文社会科学版），2010，49（4）：47-51.

[②] 陈向明. 扎根理论在中国教育研究中的运用探索［J］. 北京大学教育评论，2015，13（1）：2-15.

| 原始资料的引用 | 初始概念 | 初始范畴 |

我校进一步加大对冰雪运动的开展力度，进一步加大与社会各界的联系力度，得到更多的赞助	多渠道获取资金	
学校设有体育工作专项经费，并纳入学校年度经费预算，原则上每学年学生人均教育经费不低于10%，保证了体育和冰雪特色工作的正常开展	设立冰雪专项经费	保证经费充足
多方筹集资金，节约学校各项资金，用于购置冬季冰雪项目器材、冰场浇筑及维护等硬件设施，保证冬季冰雪项目教育经费的投入	合理规划经费投入	

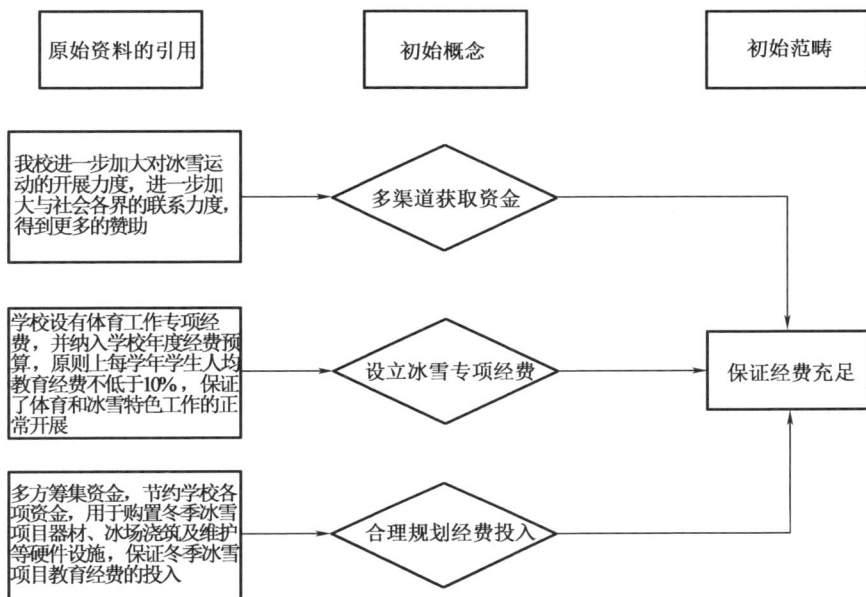

图 1-1　开放性编码范例图 1

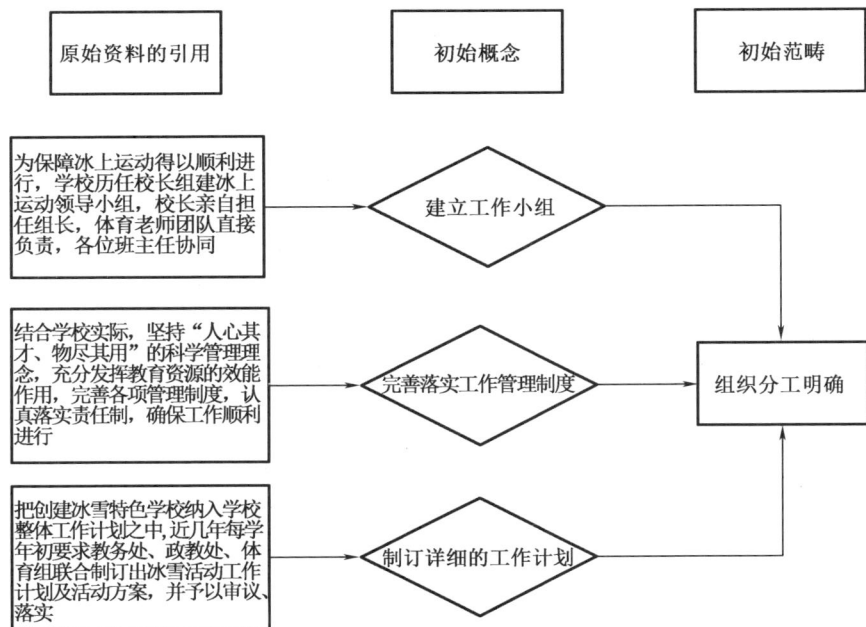

| 原始资料的引用 | 初始概念 | 初始范畴 |

为保障冰上运动得以顺利进行，学校历任校长组建冰上运动领导小组，校长亲自担任组长，体育老师团队直接负责，各位班主任协同	建立工作小组	
结合学校实际，坚持"人尽其才、物尽其用"的科学管理理念，充分发挥教育资源的效能作用，完善各项管理制度，认真落实责任制，确保工作顺利进行	完善落实工作管理制度	组织分工明确
把创建冰雪特色学校纳入学校整体工作计划之中，近几年每学年初要求教务处、政教处、体育组联合制订出冰雪活动工作计划及活动方案，并予以审议、落实	制订详细的工作计划	

图 1-2　开放性编码范例图 2

原始资料的引用	初始概念	初始范畴

为了充分调动体育教师和队员们的积极性，学校每学期对教师、优秀冰球队员开展评比工作，通过队员的出勤、训练、参赛等情况综合评定，评选出优秀队员进行奖励，并张榜表彰等

精神奖励

学校有支持学生参加比赛的经费，并对有成绩的教练和学生给予精神和物质奖励。单人奖励几百甚至上千元

物质奖励

多方面激励师生参与冰雪运动

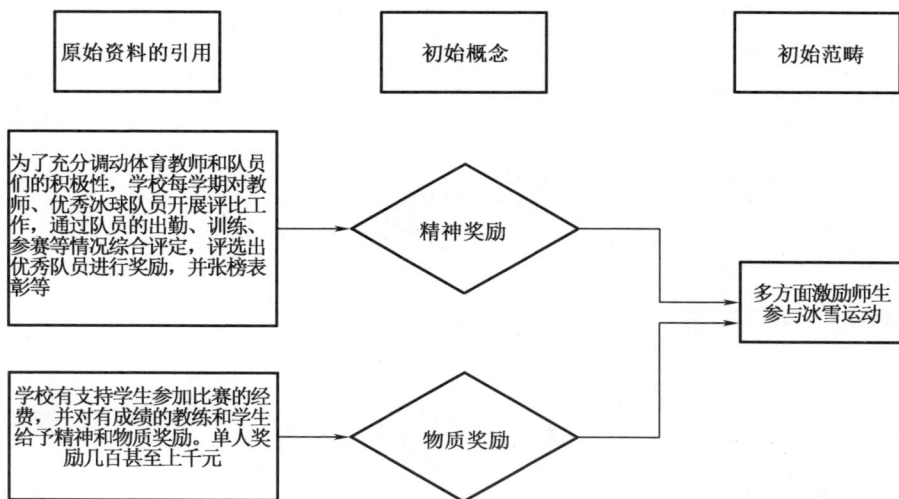

图 1-3 开放性编码范例图 3

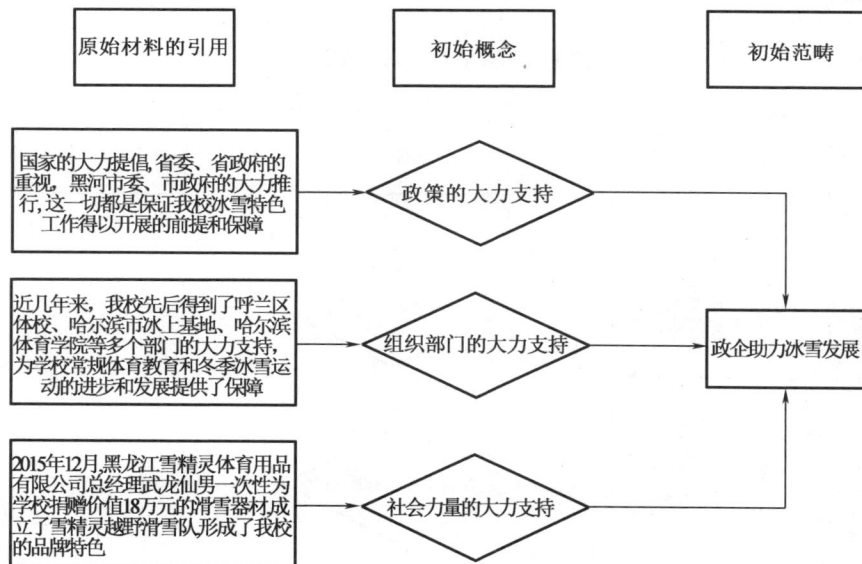

原始材料的引用	初始概念	初始范畴

国家的大力提倡，省委、省政府的重视，黑河市委、市政府的大力推行，这一切都是保证我校冰雪特色工作得以开展的前提和保障

政策的大力支持

近几年来，我校先后得到了呼兰区体校、哈尔滨市冰上基地、哈尔滨体育学院等多个部门的大力支持，为学校常规体育教育和冬季冰雪运动的进步和发展提供了保障

组织部门的大力支持

2015年12月，黑龙江雪精灵体育用品有限公司总经理武龙仙男一次性为学校捐赠价值18万元的滑雪器材成立了雪精灵越野滑雪队形成了我校的品牌特色

社会力量的大力支持

政企助力冰雪发展

图 1-4 开放性编码范例图 4

原始资料的引用　　　　　　　初始概念　　　　　　　初始范畴

避免学校诸如此类的特色化教学成为一味迎合教育市场功利化教育诉求的发展选择，避免特色课程沦为满足少数学生个体社会流动的"特别通道"，让校园教育偏离了原本良性发展的轨道　→　回归教育本色

立德"×"缺德"这4个字"完全能概括班主任的工作心态，不管领导能不能看到，他都非常有责任心，对班级的学生管理得很好。有一些教师看领导没在，就偷点懒，对班级缺乏责任心。其实现在省心，下一步麻烦就会越来越大。这4个字放在心里的话，对今后的工作是有很大的帮助的　→　"立德"与"缺德"的区别

树立正确育人观念

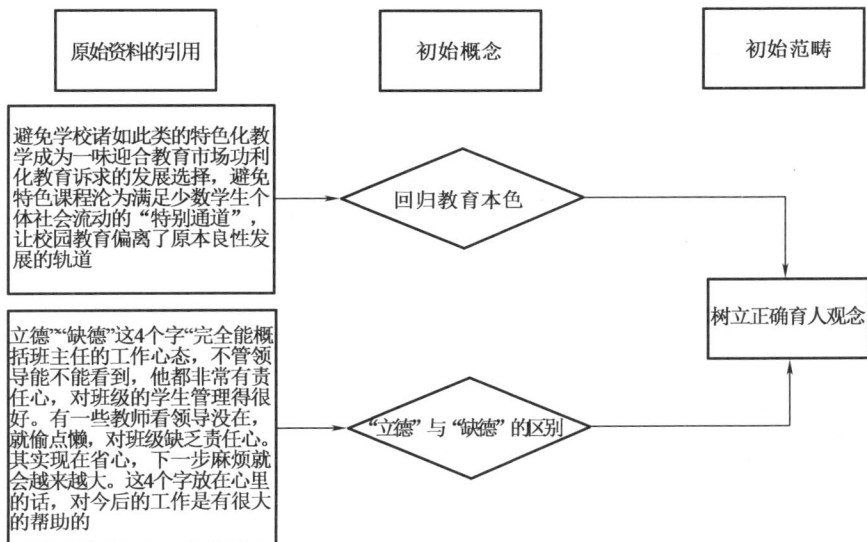

图 1-5　开放性编码范例图 5

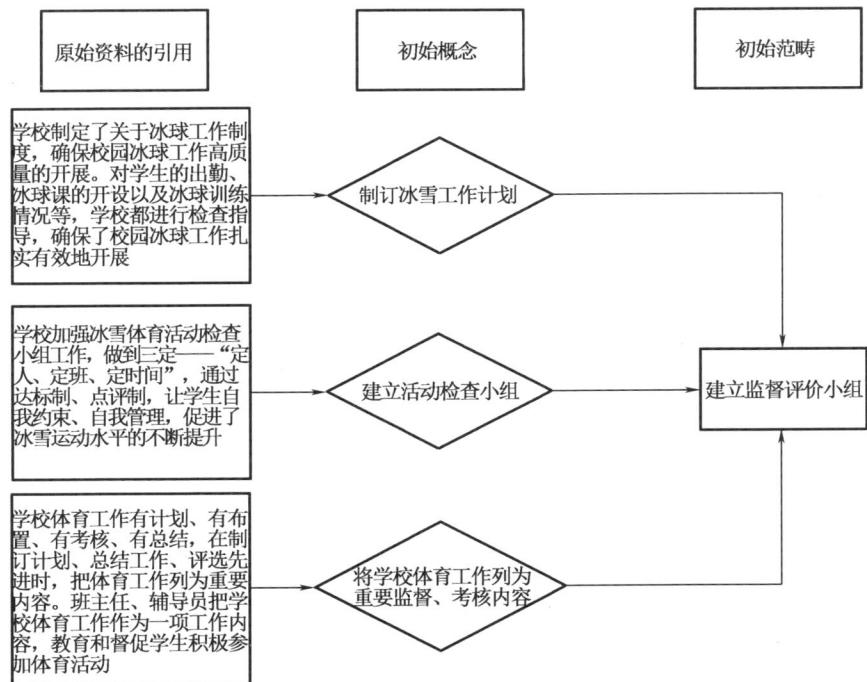

原始资料的引用　　　　　　　初始概念　　　　　　　初始范畴

学校制定了关于冰球工作制度，确保校园冰球工作高质量的开展。对学生的出勤、冰球课的开设以及冰球训练情况等，学校都进行检查指导，确保了校园冰球工作扎实有效地开展　→　制订冰雪工作计划

学校加强冰雪体育活动检查小组工作，做到三定——"定人、定班、定时间"，通过达标制、点评制，让学生自我约束、自我管理，促进了冰雪运动水平的不断提升　→　建立活动检查小组

建立监督评价小组

学校体育工作有计划、有布置、有考核、有总结，在制订计划、总结工作、评选先进时，把体育工作列为重要内容。班主任、辅导员把学校体育工作作为一项工作内容，教育和督促学生积极参加体育活动　→　将学校体育工作列为重要监督、考核内容

图 1-6　开放性编码范例图 6

原始资料的引用	初始概念	初始范畴

落实安全责任制，严格做到器材的统一管理和场地的规范使用。学生上冰雪活动时，有教师和专职人员监管 → 落实学校安全责任制

在实施投保校方责任险的基础上，建议家长为学生购买意外伤害险。学校组织重大体育活动时，也会为参赛学生购买运动意外伤害险 → 建议家长为学生购买保险 → 重视学生运动安全

按照校园安全有关规定要求，各级教育行政部门和学校要重视安全管理工作，积极开冰上、雪上运动安全教育，增强学生的安全意识 → 行政部门要重视安全管理工作

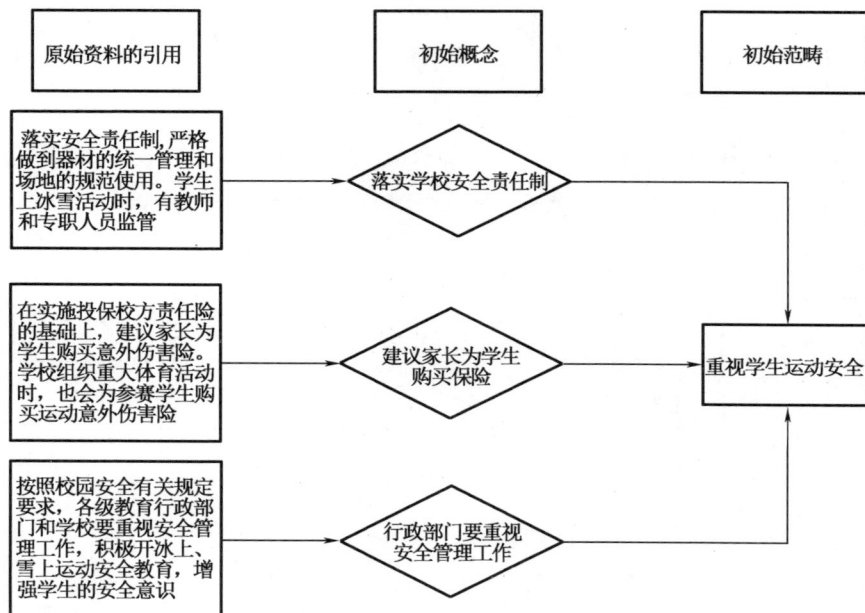

图 1-7　开放性编码范例图 7

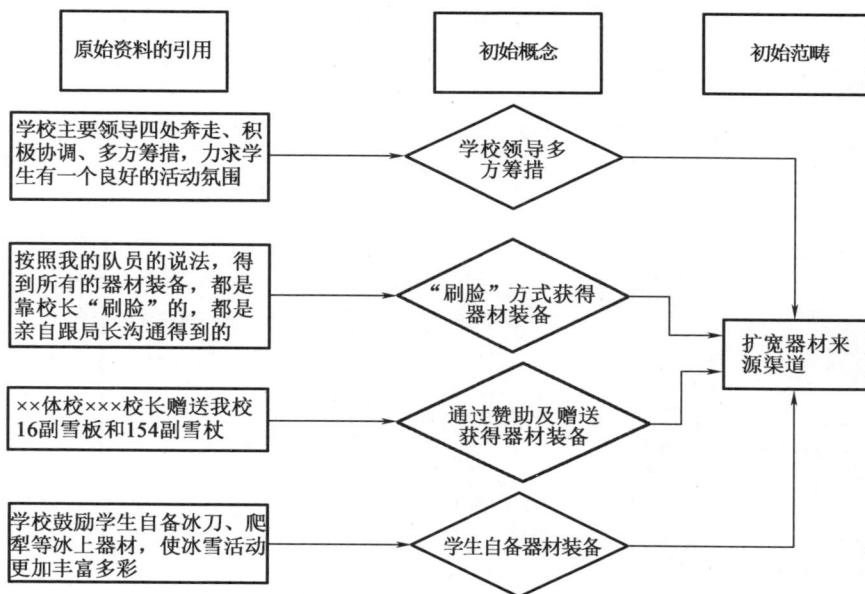

原始资料的引用	初始概念	初始范畴

学校主要领导四处奔走、积极协调、多方筹措，力求学生有一个良好的活动氛围 → 学校领导多方筹措

按照我的队员的说法，得到所有的器材装备，都是靠校长"刷脸"的，都是亲自跟局长沟通得到的 → "刷脸"方式获得器材装备 → 扩宽器材来源渠道

××体校×××校长赠送我校16副雪板和154副雪杖 → 通过赞助及赠送获得器材装备

学校鼓励学生自备冰刀、爬犁等冰上器材，使冰雪活动更加丰富多彩 → 学生自备器材装备

图 1-8　开放性编码范例图 8

原始资料的引用	初始概念	初始范畴

按照国家规定配齐体育教师。我校现有专职体育教师5人，兼职体育教师1人，聘任体育教师2人、冰雪运动专项教师4人 → 配齐体育教师

××中组织全体育教师到"传世冰壶俱乐部"进行教练员培训，重点学习冰壶规则与技能以及多种灵活创新的教学方式 → 教师参与冰雪运动培训

几年来，我们分别进行了"冰雪体育对学生身心健康的促进作用""重身心健康，促全面发展"等课题的研究，取得了良好的效果。我们还注重发挥体教研组集体的力量，教师共同备课、探讨教法、交流反思、总结成果 → 重视理论研究

→ 提升师资质量

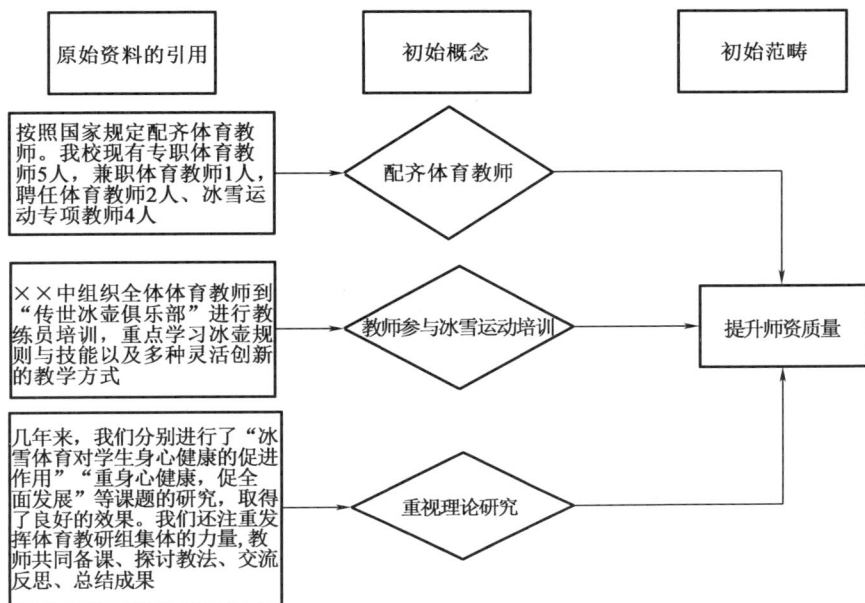

图 1-9　开放性编码范例图 9

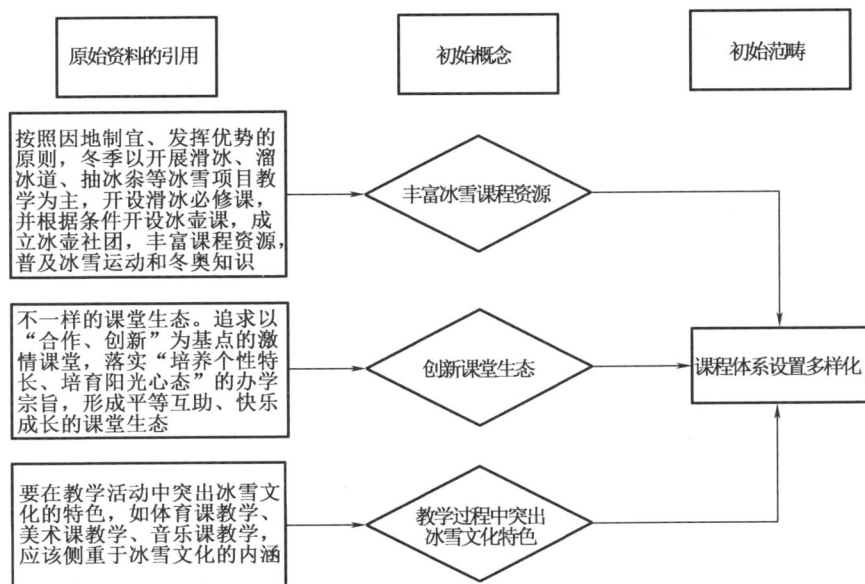

原始资料的引用	初始概念	初始范畴

按照因地制宜、发挥优势的原则，冬季以开展滑冰、溜冰道、抽冰尜等冰雪项目教学为主，开设滑冰必修课，并根据条件开设冰壶课，成立冰壶社团，丰富课程资源，普及冰雪运动和冬奥知识 → 丰富冰雪课程资源

不一样的课堂生态。追求以"合作、创新"为基点的激情课堂，落实"培养个性特长、培育阳光心态"的办学宗旨，形成平等互助、快乐成长的课堂生态 → 创新课堂生态

要在教学活动中突出冰雪文化的特色，如体育课教学、美术课教学、音乐课教学，应该侧重于冰雪文化的内涵 → 教学过程中突出冰雪文化特色

→ 课程体系设置多样化

图 1-10　开放性编码范例图 10

由于篇幅受限，仅展示部分开放性编码内容。通过开放性编码，主要

获得72个初始概念和28个初始范畴。开放性编码初始范畴汇总表见表1-4。

表1-4 开放性编码初始范畴汇总表

初始范畴	范畴内涵
提升师资力量	举办和参与不同组织形式的冰雪培训,培养专业冰雪人才,增加师资数量
摒弃"重文轻体"观念	深入贯彻方针政策,各级主体改变自身传统教育观念
传承发扬冰雪特色文化	通过开展冰雪课外活动等形式大力推广宣传冰雪运动文化,将文化特色融入思政教育
拓宽器材来源渠道	学校要打开政府部门、社会力量等多方渠道以保证器材充足
学生参与冰雪课考核	将考核成绩融入学生日常考核项目当中
合理分配经费	将经费合理分配使用,避免出现经费浪费现象
组织分工明确	建立冰雪运动专门工作小组,制订详细工作计划,分工协同组织工作进行
树立正确育人观念	建立新型师生关系,要求教师重视素质教育,在体育运动过程中培养学生的思想品质和心理素质
政企助力冰雪发展	政策和社会企业的大力支持是校园冰雪运动发展的"助力剂"
课程体系设置多样化	突破常规教学,尝试对课程目标、课程内容、教学手段等方面进行创新
保证经费充足	政府、学校等多部门要保证学校冰雪运动经费充足,以确保正常组织冰雪运动教学和课外活动
鼓励师生参与冰雪运动	通过对教学考核和参与竞赛情况设置不同程度奖励制度,从精神层面和物质层面鼓励师生参与冰雪运动
建立监督评价小组	学校建立领导小组进行监督,采取定期检查与不定期抽查的形式监督校园冰雪活动开展情况
树立安全意识	政府、学校、家长要明确学生安全问题的重要性,多方参与,对学生安全提供保证
定期对教师进行教学技能考核	学校定期组织教师冰雪技能大赛,以赛检验和提高教师自身业务能力

表 1-4（续）

初始范畴	范畴内涵
鼓励校企合作	社会企业大力支持校园冰雪运动开展，为学校提供冰雪场地及器材等方面的支持，共同促进冰雪运动的发展
完善教材建设	根据中国学校教学特点，编写、完善具有教学参考作用的冰雪教材
营造良好的冰雪运动氛围	学校通过多种形式加大冰雪运动的宣传力度，营造良好的冰雪运动氛围，引导学生积极参与
鼓励家校合作	鼓励学校与家庭建立联系，共同制定学生成长目标，鼓励家长参与到学校冰雪活动中
保证开足、开齐体育课	学校不得占用体育课资源，要保证冰雪课开足、开齐
加大经费投入力度	政府及学校部门要重视冰雪运动发展，加大冰雪经费的投入力度，保证冰雪运动正常发展
鼓励学生积极参与冰雪课外活动	学校要采取奖惩办法等多种措施鼓励学生积极参与冰雪课外活动
丰富课外活动内容及组织形式	学校要丰富课外活动内容以及不同的组织形式，激发学生参与冰雪运动的热情
鼓励学校间增加交流	各学校之间举办交流会或者友谊比赛等活动，增进冰雪文化交流，共同成长进步
派遣专业教练和优秀社会人员走进校园	教育局和体育局为缺乏专业冰雪教师的学校派遣专业教练和优秀社会人员，保证学校冰雪师资力量
增进校社间的合作交流	学校与社会俱乐部等社会组织达成合作，学校积极参与社会活动，社会组织积极帮助学校冰雪建设，达到双方共赢
校校之间资源共享	各校之间师资、场地、装备等方面进行资源共享，互帮互助
建立完善的教学管理系统	学校要根据课程标准，对学校师资、学生、器材仪器等建立一套完善的教学管理系统

（2）轴向性编码

轴向性编码是在开放性编码的基础上将所获得的初步范畴进一步整

合，形成类属的属性和维度，不断对比、发展并检验各类属之间的关系①。通过轴向性编码（二级编码）总结出影响建立冰雪运动进校园推进机制的10个主范畴，包括校企合作、家校合作、校社合作、政策保障、资源条件保障、监督与评价、强化内部组织管理、竞争与激励、安全管控、校校合作。轴向性编码范畴汇总表见表1-5。

表1-5 轴向性编码范畴汇总表

主范畴	副范畴	主范畴	副范畴
校企合作	扩宽器材来源渠道 鼓励校企合作 传承发扬冰雪特色文化	监督与评价	学生参与冰雪课考核 定期对教师进行教学技能考核 建立监督小组进行进行评价
家校合作	摒弃"重文轻体"观念 树立安全意识 鼓励学生积极参与冰雪课外活动 鼓励家校合作	强化内部组织管理	组织分工明确 树立正确育人理念 建立完善的教学管理系统
校社合作	扩宽器材来源渠道 政企助力冰雪发展	竞争与激励	多方面鼓励师生参与冰雪运动 鼓励学校间增加交流机会 鼓励学生积极参加冰雪课外活动 培养学生对冰雪运动的兴趣
政策保障	鼓励校企合作 鼓励家校合作 校校之间资源共享	安全管控	树立安全意识 鼓励家校合作 建立安全保障机制
资源条件保障	扩宽器材来源渠道 保证经费充足 完善教材建设 加大经费投入力度 丰富课外活动内容及组织形式 课程体系设置多样化	校校合作	各校之间进行资源共享 鼓励学校间增加交流机会

---

① 陈向明. 扎根理论在中国教育研究中的运用探索 [J]. 北京大学教育评论, 2015, 13 (1)：2-15.

（3）选择性编码

选择性编码是通过描述明确资料的"故事路线"来梳理和发现核心范畴，把核心范畴与其他范畴建立理论联系，最终形成理论模型。并且要通过搜集新的资料和结合原始资料验证和完善已有的关系①。通过对上一级编码总结出的主范畴进行归纳，整理出 5 个核心范畴：政府主导、要素整合、家校合作、目标导向和多方参与，这些核心范畴对构建冰雪运动推进机制具有重要意义。冰雪运动进校园推进机制模型如图 1-11 所示。

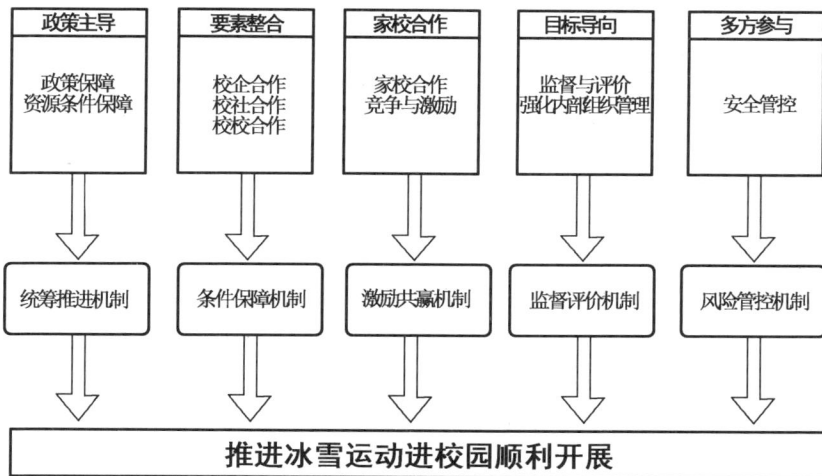

政策主导	要素整合	家校合作	目标导向	多方参与
政策保障 资源条件保障	校企合作 校社合作 校校合作	家校合作 竞争与激励	监督与评价 强化内部组织管理	安全管控
↓	↓	↓	↓	↓
统筹推进机制	条件保障机制	激励共赢机制	监督评价机制	风险管控机制
↓	↓	↓	↓	↓

推进冰雪运动进校园顺利开展

图 1-11 冰雪运动进校园推进机制模型

3. 理论饱和度检验

我们将编码资料与预留资料进行反复对比和检验，结果显示未出现新的范畴，说明本研究提炼的理论范畴基本达到了理论饱和。

1.4.3 访谈法和座谈法

我们采用面对面访谈和电话访谈相结合的方法，以召开专题座谈会等方法，对教育行政部门、学校体育部门、专家和学生进行访谈，共访谈 12 人，整理访谈记录和冰雪特色学校典型经验 10 余万字，获得第一手研究

---

① 陈向明. 扎根理论在中国教育研究中的运用探索 [J]. 北京大学教育评论，2015，13（1）：2-15.

资料。

1.4.4 专家德尔菲法

我们根据已整理的相关文献及政策文件等资料，在征询各领域专家意见的基础上，初步拟定了专家咨询表，并提供了研究的背景材料以供专家参考。聘请了 15 位专家（表 1-6），其中正高级职称 4 人，副高级职称 11 人，这些专家既有高校教授，又有特色学校主管校长和教师，还有中小学体育教学指导委员会委员和教研员，工作年限在 30 年以上的有 9 人，20~30 年的有 5 人，最低工作年限为 17 年，有 1 人。通过两轮的专家咨询，最终形成了校园冰雪运动可持续发展的评价指标体系。

表 1-6　专家基本信息表

序号	姓名	职称/职务	工作单位	工作年限
1	付＊＊	副高级/教师	富拉尔基区一重三小	27
2	王＊＊	副高级/体育组组长	八五九农场中心学校	23
3	徐＊＊	副高级/体育组组长	宁安市第四小学	33
4	汤＊＊	副高级/校长	逸夫小学	30
5	李＊＊	正高级/校长	顺迈小学校	37
6	白＊＊	正高级/校长	新林二中	33
7	李＊＊	正高级/校长	哈尔滨市第五十五中学校	35
8	董＊＊	副高级/副校长	玉泉中心小学校	32
9	于＊＊	副研究员	黑河市教师发展学院	31
10	纠＊＊	教授	哈尔滨工程大学	31
11	李＊＊	副研究员	哈尔滨市阿城区教师进修学校	28
12	白＊＊	副教授	哈尔滨科学技术职业学院	17
13	邢＊＊	副研究员/教指委	哈尔滨市教育研究院	30
14	刘＊＊	副研究员/教指委	黑龙江教师发展学院	29
15	朱＊＊	副教授	哈尔滨工业大学	24

第二章 冰雪体育强省建设的时代要求与重点任务

党的二十大开启了体育强国建设的新征程，体育强国建设是中国特色社会主义事业和中国式体育现代化的重要战略目标，是实现中华民族伟大复兴中国梦的必然要求和战略举措。面对中国式体育现代化和体育强国建设的新征程，各地要加快推进体育强省建设步伐，推动本地区体育领域高质量发展。也就是说，体育强国建设的目标和任务需要下放到省级地区，只有各地全面推进体育事业改革与发展、提高省级体育事业的整体实力、践行体育强省建设的伟大实践，才能实现体育强国建设的伟大战略目标。因此，梳理黑龙江省推进冰雪体育强省建设的历史成就，明确中国式体育现代化推进体育强省建设的时代要求、重点任务及保障措施尤为重要。

2.1 黑龙江省推进冰雪体育强省建设的时代要求

2.1.1 黑龙江省推进冰雪体育强省建设的历史成就

黑龙江省是中国最早开展冰雪运动的省份之一，是中国冰雪运动的发源地和冬季项目冠军的摇篮，是中国冰雪体育强省之一，更是三亿人参与冰雪运动的"排头兵"。中华人民共和国成立以来，黑龙江省体育事业从无到有、从弱到强，凭借冰雪资源优势，逐渐形成了以冰雪运动为主导的特色体育发展之路，竞技体育成绩斐然，全民健身公共服务体系遍及城乡，体育产业发展特色鲜明。一代代黑龙江人用实际行动推进体育强省建设，取得了一个又一个辉煌成就，为黑龙江省经济社会发展做出了重要贡献。具体表现在以下四个方面。

（1）竞技体育方面。黑龙江省运动员在各级各类比赛中，共获得世界冠军 376 个、亚洲冠军 55 个、全国冠军 1 829 个，这些出色的成绩让黑龙江省在全国有着良好的声誉。在近 3 届夏季、冬季奥运会上，黑龙江省共获得 8 枚金牌，在北京冬奥会上获得 4 金 2 铜，培养出了焦刘洋、王镇、王曼昱、张虹、范可新、张雨婷、曲春雨、任子威、高亭宇、隋文静、韩聪等奥运冠军，他们都是黑龙江省在国际体坛的杰出代表。[①] 不仅在奥运会上表现出色，黑龙江省在其他体育赛事中也一直保持着较高水平和竞争力。黑龙江省先后承办了 1996 年第 3 届亚洲冬季运动会和 2009 年第 24 届世界大学生冬季运动会（简称哈尔滨大冬会）。哈尔滨大冬会项目设置 12 个大项、81 个小项，是当时世界大学生冬季运动会历史上设置项目最多的一届，有 44 个国家和地区的 1 644 名运动员参加了比赛，为全世界冰雪运动发展做出了积极贡献。

（2）群众体育方面。黑龙江省各地群众喜闻乐见的全民健身活动遍地开花，"赏冰乐雪" 系列活动、社区健身活动月、齐齐哈尔冰球节、鸡西市冰雪嘉年华游园会、黑河市新年徒步、北极漠河 "冰雪嘉年华" 等大型群众体育赛事活动达到 300 余项，参与人数近千万人次；常态化开展全民健身志愿服务工作，2022 年累计开展全民健身志愿服务活动、科学健身公开课和论坛 200 余场次，参与人数近 2 万人，全年培训社会体育指导员 3 062 人，经常参加体育锻炼人数比例从 2012 年的 30% 提升到 2022 年的 36%，群众冰雪运动参与率达到 57.8%，位列全国第一。累计带动全国近 9 500 万人次参与冰雪体验运动，成为 "带动三亿人参与冰雪运动" 的核心区。全省《国民体质测定标准》合格率从 2012 年的 90% 提升到 2023 年的 93.4%，全省居民在身体健康方面取得了显著的进步。

（3）体育设施建设方面。黑龙江省加快推进城市 "15 分钟健身圈" 和 "30 分钟冰雪健身圈" 建设，全省人均体育场地面积从 2012 年的 1.13 m²，大幅提升到 2022 年的 2.10 m²，体育场地设施遍及城乡，城乡居民都能方便地进行体育锻炼。全省深入推动全民健身与全民健康深度融合，成立了国内第一个省级运动处方门诊，让更多的居民能够获得个性化的健康指导和服务。

---

① 黑龙江新闻网，https://baijiahao.baidu.com/s？id＝1745266055938902362&wfr＝spider&for＝pc。

（4）冰雪体育产业方面。黑龙江省凝聚发展新动能，先后制定出台了《关于加快发展体育产业促进体育消费的实施意见》《黑龙江省加快发展健身休闲产业的指导意见》《黑龙江省"十四五"体育产业发展规划》，为体育产业发展加码赋能。目前，全省成功创建国家体育产业示范单位2个、国家体育产业示范项目1个，国家级运动休闲特色小镇试点项目1个，国家级体育旅游精品项目40余个，马拉松系列赛、"赏冰乐雪"系列活动等品牌赛事成了体旅融合的催化剂。黑龙江省坚持搭平台、促发展，发起成立了东北区域体育旅游联盟、冰雪体育科技联盟、省级体育发展专家智库等各类平台，连续3年举办黑龙江"体育+"博览会，全省体育产业机构增至2 037家，个体工商户增至6 514家，培育了体育产业的"千军万马"。黑龙江省体育局探索"体育+金融"的发展新路径，2022年，全省全年体育彩票累计销售46.04亿元，同比增长14.13%。

2.1.2　中国式体育现代化推进体育强省建设的时代要求

体育强国建设是中国面向新时代实现中国式现代化而提出的战略目标，旨在通过全面提升国家体育事业的发展水平和综合实力，推进中国式体育现代化建设[①]。既然把体育强国建设作为国家层面的战略目标，各个地区就要加强体育强省建设，推动本地区体育领域高质量发展。只有各地实现体育强省建设目标，在本地区内全面推进体育事业改革与发展，提高省级体育事业的整体实力，才能实现体育强国建设目标。结合国家相关政策文件和学者研究，中国式体育现代化推进体育强省建设的时代要求和目标包括以下几个方面。

1. 以全民健身促进全民健康的伟大实践

习近平总书记在2016年全国卫生与健康大会上明确指出："推动全民健身和全民健康深度融合"。全民健身是指通过社会化、全民参与的方式，推广普及各种体育活动和健身运动，让更多的人能够享受到体育锻炼所带来的健康与快乐。它不仅是一项国家战略，也是每个人追求健康生活的重要途径。全民健身对于促进全民健康的意义主要体现在以下几个方面。

---

① 李鉴. 中国式现代化体育发展新道路是体育强国建设的必由之路［J］. 武汉体育学院学报，2023（2）：12-18.

首先，提升身体素质和健康水平。全民健身鼓励人们通过体育活动锻炼身体，增强身体素质和抵抗力。适度的运动可以改善心肺功能、增强肌肉力量、提高柔韧性和协调性，预防和缓解慢性病等健康问题，提升个体的健康水平。其次，塑造积极的生活态度和心理健康。体育运动可以释放压力，促进身心放松，缓解焦虑和抑郁情绪，改善个体的心理健康。此外，体育活动可以培养团队协作精神、竞争意识和坚韧性格，提升个体的自信心和积极的生活态度。最后，增强社会交往和促进社会和谐。全民健身提供了一个互动和交流的平台，人们可以通过体育活动结识新朋友、加强社交联系，促进社会和谐和凝聚力。体育运动可以跨越年龄、性别和文化差异，促进社会的融合和多元发展。因此，全民健身作为一项国家战略，需要得到社会各界的积极支持和参与。政府应加大对全民健身的投入和支持，推出更加丰富的健身项目和设施，提高健身活动的普及率和参与度。同时，全社会应加强对全民健身的宣传和推广，鼓励更多的人参与到健身运动中来，共同推动全民健身运动的不断提升。

2. 以举国体制发展竞技体育永不动摇

竞技体育是一个国家的体育名片，竞技体育发展得好不好、强不强是衡量体育强国的重要指标。从中国竞技体育发展的历史经验与现实问题出发，在中国式体育现代化进程中，明确"举国体制蕴含着社会主义集中力量办大事的独特政治优势和制度优势，是具有中国特色的体育管理体制和运行方式，是中国竞技体育发展的体制保障，更是中国特色社会主义取得举世瞩目成就的秘诀之一"。与时代接轨、与社会接轨，形成建设体育强国合力，这是中国竞技体育建设的基本经验之一。在过去的几十年里，举国体制使中国竞技体育事业取得了辉煌成绩，"逐步形成了以奥运会为最高层次的竞技体育发展战略，形成了有中国特色的竞技体育举国体制，充分展示了中国的制度优势和道路自信"。随着中国不断融入国际奥林匹克大家庭，中国竞技体育更加要求全面、协调和可持续发展，仅仅依靠体制内力量，会导致不同地区之间、项目与项目之间发展不平衡问题更加严峻，需要进一步充分调动全社会优质体育资源向竞技体育聚集。历史经验表明，举国体制是立足中国国情，充分发挥中国政治体制优势的竞技体育发展的有效保障，是中国竞技体育事业发展的宝贵经验。在中国式体育现代化进程中，必须坚持以举国体制为基础，将举国体制和市场机制有机结合，使举国体制赋能与市场的资源配置增效相结合，使竞技体育不仅能从体制优势中受益更能从市场中受益，同时也能通过市场形成竞技体育从而带动群众体育发展的良性辐射效应。

3. 以体育产业支撑国民经济发展动力不减

建设体育强国不仅仅是使竞技体育和群众体育具有强大影响力，更要建设一条纵贯体育事业发展的产业链，使体育能够实现复合型增长，成为提升人民生活福祉、促进国民经济与社会发展的重要动力。《全民健身计划（2021—2025 年）》提出，到 2025 年，带动全国体育产业总规模达到5 万亿元。体育产业总规模的顶层设计以及增长预期，充分说明了体育产业的发展速度与规模开始进入国民经济顶层设计的视野之中。围绕体育产业可以形成一个集第一产业、第二产业和第三产业的产业链。体育产业的发展有力推进了中国全面建成小康社会的历史进程，体育在乡村振兴、养老医疗、吸纳就业等关乎国计民生的关键领域都为国家社会经济发展做出了持续贡献。与此同时，作为"五大幸福产业"之一，体育产业的发展又积极回应着人民对美好生活的向往，是积极建设国内大市场、实现国民经济可持续发展的重要环节。

与欧美等老牌体育强国相比较，中国体育产业总体上仍处于起步阶段，未来发展空间大、可塑性强。体育产业的现代化应该是物质财富与精神财富共同发展的现代化，在建设体育强国历史进程中，把发展体育产业作为体育强国建设的重要发展性指标，使体育产业进一步成为中国国民经济发展的重要动力。其支撑国民经济发展的重要作用体现在以下几个方面。

首先，刺激经济增长，增加就业机会。体育产业涉及体育赛事的组织、体育设施的建设、体育用品的制造、体育旅游和媒体传播等多个领域，这些都能带动相关产业链的发展。体育赛事的举办可以吸引大量参与者和观众，增加与提升当地商业活动和旅游收入。同时，体育产业也能为很多人，如运动员、教练员、裁判员、赛事组织者、体育用品制造商、广告和媒体从业人员等，创造大量就业机会。

其次，增加税收收入和贸易顺差。体育产业的发展可以产生一系列的经济活动，如体育场馆的建设、体育用品的生产和销售等，这些都能带来税收收入的增加。同时，随着体育赛事和体育用品的国际交流和贸易量的增加，体育产业也能带来贸易顺差，进一步推动国民经济的发展。

再次，增强城市竞争力，提升形象。一个城市拥有先进的体育设施，拥有举办重大体育赛事的能力，可以提高城市的文化软实力和吸引力。成功的体育赛事活动可以增加城市的知名度和声誉，吸引国内外的游客和投资与合作，促进城市的经济增长和发展。

最后，带动相关产业的发展。体育产业的需求带动了体育用品制造、体育装备研发、文化娱乐等相关产业的发展。这些产业的发展不仅能够增加就业机会，还能提高产业链上下游的协同效应，形成一个良好的产业生态系统。

总的来说，体育产业的发展能够刺激经济增长，增加就业机会，同时还能增加税收收入，产生贸易顺差，提升城市竞争力和形象，并带动相关产业的发展。因此，政府和相关部门应该加大对体育产业的支持和投入，制定相关政策，营造良好的发展环境，促进体育产业的健康发展，为国民经济发展做出积极贡献。

4. 以体育精神推动文化繁荣，以体育交流助力文明互鉴

一方面是以体育精神推动文化繁荣。文化是一个国家的重要软实力，文化气质是一个民族文化精神外化的行为方式与精神风貌。体育活动是文化交流的重要途径。通过参加体育比赛，不同国家、不同文化背景的人们可以在一起交流，增进彼此之间的了解和友谊。同时，体育比赛也可以展示每个国家的文化特色和民族风情，促进文化交流和文化多样性发展。全面建设社会主义现代化国家，必须坚持中国特色社会主义文化发展道路，增强文化自信，围绕举旗帜、聚民心、育新人、兴文化、展形象建设社会主义文化强国，发展面向现代化、面向世界、面向未来的，民族的、科学的、大众的社会主义文化，激发全民族文化创新创造活力，增强实现中华民族伟大复兴的精神力量。文化是一个民族最为深沉的精神力量，探求实现文化现代化是中国式现代化建设的应有之义。体育既是文化的生成物，同时也是在社会交往中推动文化前进的力量。中华体育精神是中国体育人历代实践与奋斗经验的总结，是中国体育人家国情怀的深厚表达，也是中国体育人发展体育事业的价值追求，中华体育精神凝塑了新中国体育事业发展的文化价值内核。建设体育强国就必须拥有与之相匹配的丰富、繁荣的体育文化，而体育文化的繁荣本身也将促进社会文化的繁荣发展。中华

体育精神不仅充分继承了中华民族传统美德，同时还与社会主义核心价值观深度契合，是中国特色社会主义事业在社会意识层面的真实反映。

另一方面是以体育交流助力文明互鉴。习近平总书记曾明确指出："不同历史和国情，不同民族和习俗，孕育了不同文明，使世界更加丰富多彩。文明没有高下、优劣之分，只有特色、地域之别。"体育是一种世界的语言，体育交流是促进文明互鉴的重要途径之一。体育交流可以帮助人们了解不同国家和地区的文化和历史，促进彼此之间的相互理解和尊重，有助于促进人类社会的和谐发展，为世界和平做出贡献。通过体育交流，人们可以超越国界和种族，促进世界各地的人民之间的和平合作，这种和平合作不仅体现在国际体育比赛中，也可以延伸到政治、经济和文化领域。以体育活动和交流搭建文明的桥梁，在人类体育史上屡见不鲜。中华人民共和国重返奥运国际大家庭几十年来，中国体育的快速发展使得赛场上中国运动员的身影频现，中国迅速提高的竞技运动水平、开放包容的气度胸怀，在历届奥运会赛场上都留下了难以磨灭的印记。北京奥运会、北京冬奥会深切传达了"同一个世界、同一个梦想"的主旋律，始终将和平发展的时代主题带入奥运赛场。

5. 中国式体育现代化推进体育强省建设的总体目标

《黑龙江省人民政府办公厅关于推进体育强省建设的实施意见》（黑政办发〔2020〕27号）提出，到2035年，经常参加体育锻炼人数占比和人均体育场地面积超过全国平均水平，大众冰雪健身成为在全国具有影响力的全民健身品牌活动。竞技体育总体水平稳中有升，冰雪体育居于全国领先地位，在全国冬运会上保持第一，在每届奥运会上至少获得1枚金牌，在每届冬奥会上为国家贡献率全国领先。夏季项目竞技水平与黑龙江省经济社会发展相适应，在奥运会上为国家做出积极贡献。体育产业总规模达到2 000亿元，人均体育消费达到人均可支配收入的3%。体育精神的感召力、影响力、凝聚力得到进一步增强。到21世纪中叶，全面建成体育强省。人民群众对体育的需求得到充分满足，参加全民健身成为人们生活的重要组成部分，竞技体育水平保持全国前列，成为冰雪体育在世界上具有一定影响力和知名度的省份，体育产业占地区生产总值的4%以上，体育总体发展水平进入全国先进行列。为了实现这一战略目标，黑龙江省政府采取一系列措施，包括加强体育设施建设和改善体育场馆的设施设备，提高体育赛事的品质和影响力，加强体育人才培养和引进，开展全民健身运动，以及积极推动体育与旅游、文化、教育等产业的融合发展。此外，黑龙江省政府还要加强与其他省份和国家的交流与合作，吸取国内外先进的体育发展经验和理念，探索具有黑龙江特色的体育发展模式。

总之，中国式现代化进程是一条人口规模巨大的现代化之路，除了在经济、科技、文化等方面取得显著进步外，它也必然是一场人类意义上的社会变革。作为中国式现代化建设的重要部分，体育领域的发展必将是人类发展的重要机遇。这不仅增强了中国的国力，也提升了人民的健康水平。同时，中国的文化和体育精神也在全球范围内获得了广泛传播和共鸣，在建设体育强国的过程中，中国提出了一系列创新性的理念和方法，如全民健身、体育大国、北京冬奥精神等，这些理念和方法不仅为中国的体育事业注入了新的活力和动力，也为全球体育发展做出了重要贡献。

2.2 冰雪运动推进体育强省建设的
重点任务及保障措施

2020 年，黑龙江省人民政府办公厅发布的《关于推进体育强省建设的实施意见》（黑政办发〔2020〕27 号）提出了 5 个方面的 23 项重点工作，5 个方面分别是：一是全面落实全民健身国家战略，提高全民健身生活化社会化水平；二是着力提升竞技体育总体实力，竞技体育得到科学化精细化发展；三是夯实青少年体育基础，促进青少年体育发展；四是促进体育产业市场化，推动体育产业高质量发展；五是弘扬具有黑龙江省特色的体育文化，为经济社会发展注入新能量。其中有 7 项重点工作涉及冰雪运动方面，这为冰雪体育强省建设指明了方向。同时提出了加强组织领导、加大政策扶持和坚持依法治体 3 个方面的保障措施。

2.2.1 黑龙江省推进冰雪体育强省建设的重点任务

1. 统筹推动体育场地设施建设，加快建设城市 15 分钟健身圈和 30 分钟冰雪健身圈

加大政府投入和建设力度，鼓励支持社会力量建设城市绿道、健身步道、自行车道、体育公园、多功能健身场地、足球、冰雪运动等场地。在

每个市（地）建设 1 个室内滑冰场和若干群众性冰雪运动场地，每个县（市、区）建设 1 处室外冰雪运动场所和群众性冰雪运动场地。

30 分钟冰雪健身设施建设主要包括：（1）室内冰场。提供冰上运动的场地和设施，包括滑冰、冰球、花样滑冰、冰壶等项目，室内冰场可采取气模馆建设。（2）室外冰场。提供季节性冰上运动的场地和设施，如冰壶、冰球、速度滑冰等，主要依托各级各类学校操场建设冬季滑冰场。（3）室内滑雪场。提供室内滑雪设施，包括滑雪道、设备租借等。（4）室外滑雪场。提供季节性室外滑雪设施，如滑雪道、缆车等。

30 分钟冰雪健身服务主要包括：（1）教练培训。提供专业的教练培训，提高教练技能水平和服务质量。（2）健身指导。提供针对不同人群的运动健身指导服务，帮助人们合理安排健身计划。（3）设备租借。提供冰雪运动设备租借服务，方便人们参与冰雪运动。（4）活动组织。组织各类冰雪健身活动，如比赛、集训、训练营等。

总之，30 分钟冰雪健身设施及服务体系的建设，可以为人们提供更加便利、专业、多样化的冰雪健身服务，促进全民健身和冰雪运动的普及。

此外，建设城市 15 分钟健身圈和 30 分钟冰雪健身圈需要考虑以下因素：一是选择合适的区位和地点。群众性运动场地选择位于市中心或人口密集区域的学校、公园、广场、社区或商业中心等场地，以方便市民前往和使用。二是根据市民的健身需求，设置合理的锻炼器材、健身房、体育馆、游泳池、溜冰场等设施，并配备足够的人员和安全防护措施，根据市民的不同年龄、性别、健康状况和兴趣爱好，提供多样化的健身项目，如瑜伽、健身操、跑步、骑行、游泳、滑冰、滑雪等。三是引入专业的健身教练指导。为市民提供全方位、个性化的健身指导和训练，提高健身效果和安全性。需要注意的是，在建设过程中，还需要考虑场地的环境、气候、交通等因素，以确保市民能够便利地、安全地使用健身设施，享受健康生活。四是以"小区—街区—社区—片区"为单位，结合实际地理空间特点打造一批智慧社区健身中心、智慧社区体育公园、智慧社区健身步道、智慧社区健康驿站等示范性全民健身数字化应用场景。

2. 广泛开展冰雪全民健身活动

随着体育强国战略的逐步实施，全民健身活动在中国各地得到了广泛的开展。《黑龙江省人民政府办公厅关于推进体育强省建设的实施意见》

（黑政办发〔2020〕27号）提出，在全省范围内广泛开展大众冰雪体育活动，举办贯穿全年的大众冰雪赛事活动，普及科学健身知识和健身方法，扶持推广各类民族民间民俗传统运动。具体目标和举措如下。

首先，举办贯穿全年的大众冰雪赛事活动。一是明确赛事类型，定期举办比赛。根据各地的冰雪资源和场地条件，确定不同项目的赛事，如速度滑冰、滑雪、冰球、冰壶等，并根据季节特点进行安排，如冬季专注于滑雪、冰球等项目，夏季则是室内场地比赛的花样滑冰、冰壶等。二是开放报名，吸引参赛者。为了让更多人参与赛事，需要提供便捷的报名渠道，如线上报名、线下报名、电话报名等。同时，确保报名费用合理，并提供不同年龄段和能力水平的赛事组别。三是建立冰雪联赛体系，举办冰雪体验活动。通过举办多地多项比赛，并将其组织成联赛体系，吸引更多的参赛者和观众关注，并创立赛事品牌。参与者可以累积积分，为竞技运动员和大众爱好者提供争夺赛季冠军和奖杯的舞台。学校开设冰雪课程和组织冰雪体验活动或冬令营，给初学者提供了解和体验冰雪项目的机会和技术指导。政府联合冰雪企业提供免费或低价的试滑、冬令营等服务，吸引更多人参与冰雪运动。此外，体育部门积极与冰雪运动场馆进行合作，确保赛事的场地和设施质量，并提供优惠的场地租赁费用，以确保赛事的顺利进行。

其次，普及科学健身知识和健身方法。一是开展科学健身教育活动。在学校、社区、企业等场所开展健身教育活动，包括健身讲座、培训课程等。通过普及科学的健身知识，人们能够了解健康的生活方式和科学的体育锻炼方法。教育活动时要联合相关健身机构、专家、运动员等，共同开展健身培训和讲座等活动，引导人们参与到科学健身的实践中。二是利用新媒体平台，加强宣传教育。建立健身知识共享平台，创办健身博客、社交媒体账号等，发布有关科学健身的文章、视频和教程，将健身知识传递给更多的人。设计制作健身手册、海报、小册子等宣传资料，包括科学健身知识、健身方法和示范动作等。将这些资料发布在公共场所，提供给大众健身人群参考。三是加强健身教练培训，提供个性化指导和服务。培训和提升健身教练的专业水平，让他们具备科学健身知识和技能，能够更好地指导运动者进行科学健身，指导运动参与者根据个人的健康状况和需求，制订个人的健身计划、提供合适的训练方法指导，帮助人们更好地进行科学健身。通过以上措施，越来越多的人可以获得科学健身知识和健身方法，从而促进健康生活方式的普及和推广。

最后，推广黑龙江省民族民间民俗传统运动。一是整理和保护传统运动。对黑龙江省民族民间民俗传统运动进行深入研究和整理，了解其历史、特点和规律，确保传统运动的开展和传承。二是举办比赛和表演。组织传统运动比赛，吸引更多人参与和关注。可以设置各个年龄组别的比赛，增加参与的机会，同时也激发人们对传统运动的兴趣。通过举办传统运动的展览、表演等活动，让更多人了解和体验黑龙江省的民族民间民俗传统运动，增加黑龙江省的知名度和影响力。三是组织培训和指导。组织专门的培训班或训练营，邀请传统运动的老师或传承人为人们提供培训和指导，更好地传承传统运动。四是加强合作交流，拓展宣传渠道。与其他地区或国家的民族民间传统运动组织和机构进行交流合作，深化彼此了解，相互学习，推动传统运动的交流和发展。借助新媒体、互联网等平台，推广黑龙江省民族民间民俗传统运动，通过发布文章、图片、视频等形式，向更广泛的人群传播传统文化。

3. 创新竞技体育体制机制，保持冰雪运动全国领先地位

坚持举国体制与市场机制相结合，加大冰球、冰壶、花样滑冰、滑雪职业化改革。一是推动职业联赛举办。依托体育组织和社会力量建立单项职业联赛，为冰球、冰壶、花样滑冰等项目的专业运动员提供稳定的竞赛平台，设立奖金和合同制方式，吸引更多的投入和关注，提高运动员的专业水平和竞争力。二是引进市场机制。鼓励社会组织、企业和投资机构参与冰球、冰壶和花样滑冰等项目联赛的投资运营。建立多元化的赞助合作模式，通过命名权、广告赞助、电视转播权等方式吸引资金，提升项目的商业价值。三是强化赛事品牌建设。创立具有影响力的冰球、冰壶和花样滑冰滑雪等赛事品牌，组织高水平国内和国际比赛，提升比赛的影响力和观赏性，吸引更多观众和媒体关注。四是加强与国际体育机构合作。与国际体育协会、国际滑冰联合会等国际体育机构保持紧密联系，学习和借鉴国际上的先进经验和管理模式，积极主办如亚冬会等国际赛事，提升国际影响力，并加强国际交流与合作。

要配合国家做好世界和亚洲综合性运动会黑龙江省运动员备战参赛工作，参加冬奥会为国家做贡献。积极备战全国综合性运动会，参加全国运

动会田径基础大项和部分重点项目，保持全国中上游水平，参加全国冬运会保持第一，保持冰雪运动全国领先地位。要保持黑龙江在冰雪运动方面的全国领先地位，就要持续加大投入，提升基础设施建设，优化人才培养体系，拓宽赛事与活动范围，加强科技创新与研发，宣传推广与市场化运作。这些不仅可以提高黑龙江的冰雪运动水平和竞争力，也能够吸引更多的人参与冰雪运动，促进全民健康和全域旅游发展。

4. 大力发展校园冰雪运动，开展"百万青少年上冰雪"活动，深化体教融合，促进青少年健康发展

举办全省学生冬季运动会和冰雪项目 U 系列赛事，开展冰雪运动冬令营活动。在中小学校开展冰雪运动知识教育，让每名学生初步掌握一项冰雪体育技能。推动青少年文化学习和体育锻炼协调发展，使学生在体育锻炼中享受乐趣、增强体质、健全人格、锤炼意志，培养德智体美劳全面发展的社会主义建设者和接班人。巩固和拓展青少年体育阵地，加强提升学校体育水平，改革完善体校教育，发展社会体育俱乐部。

建立健全不同年龄段相互衔接、分层分类的竞赛格局。统筹省级综合性运动会改革，构建以省运会为龙头、青少年锦标赛和冠军赛为主体、青少年体育俱乐部联赛和校际联赛为基础的竞赛体系。支持鼓励社会力量举办形式多样的各类赛事。青少年体育俱乐部联赛和校际联赛是学校体育比赛的重要内容。俱乐部联赛的优势在于，参赛选手来自不同的俱乐部，能够接触到更多优秀的运动员和教练，提高自己的技术水平和比赛经验。校际联赛的优势在于，比赛的参与者来自同一个学校，比赛氛围和同学之间的交流更加浓厚，对学生维护学校荣誉感和集体荣誉感的培养有很大帮助。推动青少年体育赛事体系建设。改革完善青少年体育比赛赛制，构建精英化、大众化和普及化的青少年体育赛事平台，形成学生锦标赛、青少年锦标赛、各项目 U 系列赛事、多元大众化竞赛相衔接的赛事层级。

5. 加强青少年体育后备人才基地建设，强化竞技体育人才培养

建立省级青少年体育后备人才基地准入、激励机制和标准。加强国家高水平体育后备人才基地建设。发展青少年体育类社会培训机构。市、县两级每年重点扶持建设 1 至 2 所冰雪项目传统学校和体育基点校。在全省打造 50 个青少年冰雪运动俱乐部和 20 个青少年校外冰雪活动基地。扩大竞技体育人才选拔渠道，面向社会体育培训机构、高等院校和社会体育组

织选拔高水平竞技体育人才。将体育人才纳入人才培养战略和实施计划。构建科学的教练员选拔和聘用机制，在重点项目组建复合型训练管理团队。完善运动员退役安置政策。制订实施教练员中长期培养计划，形成"金牌教练"群体。努力建设国内领先的冰雪训练实验室。加强高校体育学科专业建设，提升体育专业人才培养质量。支持哈尔滨体育学院建设成为国内一流的以冰雪体育特色强校为内涵的体育大学。

6. 促进体育产业市场化，推动体育产业高质量发展

一是完善体育产业布局。以冰雪体育产业为基础，以户外休闲运动为重点，以品牌赛事打造为依托，以科技创新为引领，重点打造哈尔滨体育竞赛表演产业，齐齐哈尔冰雪装备制造产业，牡丹江、佳木斯、大庆、鸡西水上运动产业，伊春、黑河、大兴安岭、鹤岗、七台河、双鸭山户外生态休闲产业，形成上下衔接、纵横交错的产业布局。二是调整体育产业结构。优化体育服务业、体育用品业及相关产业结构。打造一批优秀的体育俱乐部、示范场馆和品牌赛事，提升体育服务业比重。引导体育用品企业向服务业延伸发展。以冰雪、户外运动、篮球、足球、乒乓球、羽毛球为带动，探索产业化发展道路。三是推动体育产业与其他行业融合发展。实施"体育+"，促进体育与旅游、康养、科技、教育、文化、农业、金融等融合发展。打造集体育、旅游、休闲、娱乐、消费于一体的特色体育休闲小镇。鼓励社会资本将旧厂房、仓库、老旧商业设施等改建成为现代城市体育综合体。发挥中医药在运动康复等方面的特色作用，发展运动医学和康复医学。加强体育信息化、智能化建设，打造智慧装备、智慧场馆、智慧赛事。四是发展重点体育产业。发展体育竞赛表演业，带动赛事经济。积极申办、承办国际、国内体育赛事，打造具有黑龙江特色的精品赛事。鼓励企业赞助体育赛事，开发体育无形资产。积极开发体育赛事转播市场，推动体育传媒市场发展。发展冰雪体育装备制造业，打造冰雪体育装备产业园区，培育冰雪体育器材品牌。培育体育经纪、体育中介、运动康复等新业态，作为推动体育产业发展的"催化剂"。

7. 弘扬具有黑龙江省特色的体育文化，为经济社会发展注入新能量

一是传承优秀体育文化。积极践行社会主义核心价值观，大力弘扬中华体育精神，弘扬东北抗联精神、北大荒精神、大庆精神、铁人精神。深入推进以运动项目为核心的体育文化建设。加强优秀民族体育、民间体

育、民俗体育保护、推广和创新。树立文明比赛、文明观赛等文明风尚。充分发挥优秀运动员和教练员的示范感召作用，为社会文化建设注入新能量。

二是挖掘整理体育文化。深入挖掘、整理、传承黑龙江省冰雪运动发展历史，广泛宣传普及冰雪运动文化。推进民族传统体育文化的挖掘和整理。开展体育文物、档案、文献的整理、保存和研究利用工作。鼓励和引导具有正向传播力和影响力、具有龙江特色和时代特征的体育艺术作品创作。组织开展体育知识讲座、体育文化展示、体育志愿服务、冠军进校园、训练馆开放日等活动，让体育走近和融入群众生活。宣传表彰体育先进典型，培育一批具有优秀品德和良好运动成绩的体育明星。

三是开展体育对外交流。深入实施"一带一路"体育发展行动计划，加强与冰雪运动强国及周边国家之间的体育交流，形成以对俄为重点、面向欧美、覆盖东北亚的体育对外交流格局。积极参与政府间人文交流活动，深化与友好省州（市）体育文化交流。

2.2.2 黑龙江省推进冰雪体育强省建设的保障措施

2020 年黑龙江省人民政府办公厅发布的《关于推进体育强省建设的实施意见》（黑政办发〔2020〕27 号）提出了 3 个方面保障措施，分别是加强组织领导、加大政策扶持和坚持依法治体。

1. 加强组织领导

体育、发改、财政、税务、人社、公安、教育、文化和旅游、卫生健康、科技、民政、外事、住建、自然资源、农业农村、残联等部门要建立目标任务分解考核和动态调整机制，各市（地）、各有关部门要按照本意见精神，构建管办分离、内外联动、各司其职、灵活高效的体育发展新模式，确保体育强省建设目标如期完成。

首先，管办分离是体育发展新模式的重要组成部分。通过将体育事业的运营和管理分离，可以更好地发挥体育产业的潜力，提高体育产业的竞争力，从而实现体育产业的快速发展。其次，内外联动也是体育发展新模式的重要组成部分。通过与各级政府、企业和社会各界建立紧密的合作关系，可以有效利用各方资源，实现资源共享，提高体育产业的效益。再次，各司其职也是体育发展新模式的重要组成部分。通过明确各部门的职责和任务，可以实现任务的分工协作，从而提高体育事业的管理效率。最后，灵活高效也是体育发展新模式的重要组成部分。通过采用灵活的管理模式和高效的管理方法，可以更好地应对各种复杂的挑战，从而实现体育事业的稳定发展。综上，建立目标任务分解考核和动态调整机制，构建管办分离、内外联动、各司其职、灵活高效的体育发展新模式，是推动体育事业全面发展的必要措施，也是实现体育强省建设的重要保障措施。

2. 加大政策扶持

完善公共财政体育投入机制，多渠道筹措资金支持体育强省建设。加大政府向社会力量购买公共体育服务力度。落实体育税费政策。将体育行政部门纳入各级政府国土空间规划工作议事协调机构，将全民健身场地设施建设纳入各地经济社会发展规划和国土空间规划。强化政策宣传，推进政策落地，实现政策叠加效应。完善公共财政体育投入机制、多渠道筹措资金支持体育强省建设，可以从以下几个方面着手。

一是完善财政投入机制。建立健全由中央和地方政府共同承担的财政投入机制，确保体育强省建设资金的稳定供应。二是增加体育专项资金。设立专项资金用于体育事业的发展，加大财政对体育项目的投入力度，提高对体育强省建设的资金支持。三是拓宽筹资渠道。通过政府采购、公共信托基金、政府和社会资本合作等多种方式，吸引社会资金参与体育强省建设。四是引入社会赞助和捐赠。鼓励企业、社会团体和个人通过捐赠、赞助等方式为体育强省建设提供资金支持，通过开展公益彩票等活动增加体育经费。五是加大金融机构支持。加强与金融机构的合作，开展体育产业金融服务，提供贷款、担保等金融支持，为体育强省建设提供资金保障。六是提升资金使用效益。加强对资金的监管和管理，确保资金使用的透明度和效益。加强项目评估和绩效考核，确保资金使用的科学性和合理性。通过完善公共财政体育投入机制、多渠道筹措资金支持体育强省建设，可以提高资金供给的稳定性和多样性，确保体育强省建设的顺利进行。

3. 坚持依法治体

深入开展体育法治宣传和普法教育。加强体育政策研究工作。深化体育领域"放管服"改革，精简行政审批事项，加强对体育赛事、体育经营活动的事中事后监管。加大体育执法力度，建立完善部门联合检查机制。

可以从以下几个方面着手。

一是宣传普及体育法律知识。开展体育法治宣传活动，向广大人民群众普及体育法律知识，加强对体育法律法规的宣传解读，提高公众的法律意识和法律素养。二是加强体育法律教育。在学校、社会组织开展体育法律教育活动，向学生、教师、教练员、运动员等群体传授体育法律知识，提高他们的法律素养和法律意识。三是加强体育政策研究。建立健全体育政策研究机构和平台，加强对体育政策的研究和制定，在政策实施过程中及时调整和完善政策，提高政策的科学性和针对性。四是深化体育领域"放管服"改革。优化体育行政审批流程，精简行政审批事项，简化办事程序，提高办事效率，为体育事业发展提供便利。五是加强事中事后监管。建立健全体育赛事、体育经营活动的事中事后监管机制，加强对体育赛事组织和体育场馆运营的监督检查，确保体育活动的合法、公平、规范进行。总之，通过深入开展体育法治宣传和普法教育，加强体育政策研究，深化体育领域"放管服"改革，并加大执法力度，可以提高体育活动的保障水平和治理效能。

2.3 青少年冰雪运动推进体育强省建设的路径选择

近年来，各地政府多措并施共享学校和社会冰雪体育资源，推进冰雪运动进校园，为青少年和学生提供高质量的冰雪课程与活动、健身与培训、竞赛与服务等，满足学校冰雪体育教学、活动和竞赛的需求，这是冰雪体育资源供给侧改革的有效路径之一，同时，也是加快推进体育强省建设的有效途径，建议从以下三个方面进行路径选择和优化。

1. 推进冰雪运动进校园，强化冰雪体育课和课外活动

第一，探索建立大中小学校紧密衔接的冰雪体育课程体系，强化冰雪体育课和课外活动。继续建立和完善学校冰雪体育课程及活动计划，鼓励教研部门和教师编制校园冰雪运动项目教学指南，逐步建立大中小学校紧密衔接的冰雪课程体系。继续推动仿冰、仿雪项目"进校园"，积极推进花样滑冰、冰球、冰壶等项目"进课外"。第二，提升冰雪课教学质量。鼓励各级各类学校组建校园冰雪运动联盟，向资源丰富的学校和社会购买服务，尤其是探索利用哈尔滨市气膜冰上运动项目设施馆，实现从"一

季"向"四季"冰雪的新跨越。第三，科学安排课程和训练内容，开展冰雪运动项目教学和训练，聚焦"教会、勤练、常赛"，提高学生冰雪专项运动能力，使学生熟练掌握一至两项冰雪运动技能。

2. 提升冰雪人才培养质量，打造冰雪人才培养高地

第一，创新办学思路，完善冰雪人才培养方案。鼓励高等学校积极推进冰雪教育专业人才培养方案改革，培养冰雪运动师资和急需的专业人才。鼓励高校或学术组织牵头创建"一带一路"中俄学校体育人文交流机制和平台；依托高校与社会冰雪资源，探索产、学、研、用相结合的人才培养模式，培养具有国际视野的冰雪体育专门人才。

第二，推进课程与教学改革，提高人才培养质量。调动广大教师和学生共同参与教学改革的积极性，加快冰雪体育慕课、精品视频公开课建设步伐，努力打造冰雪项目"金课"。

第三，加强冰雪体育师资队伍建设。实施冰雪师资专项培训计划，着力培养一批体育骨干教师和校园冰雪运动指导员；持续开展体育教师技能大赛和教育教学能力培训，做好中小学校体育兼职教师聘任、优秀体育教师评比等工作，表彰为黑龙江省校园冰雪运动做出突出贡献的教师，切实保证冰雪体育教师队伍建设。

第四，开展校园冰雪运动改革试验区和试点县区布局工作。依托524所省级冰雪特色学校、基点学校、传统项目学校的示范和带动作用，开展全国校园冰雪运动改革试验区和试点县区建设工作。

3. 树立学生冰雪赛事品牌，打造青少年冰雪赛事承办基地

第一，组织开展学生冰雪赛事活动，提高青少年冰雪运动竞技水平。按照省委省政府要求，持续开展好省市县校四级学生冬季运动会。加强国内外中小学校冰雪项目交流，邀请国内外冰雪运动强队来黑龙江省交流比赛，提高学生的冰雪运动技能，拓宽学生的视野。

第二，建立和完善学生冰雪运动竞赛体系，主办或承办高水平学生冰雪赛事。各市地要在整合赛事资源的基础上，系统设计并构建相互衔接的学生冰雪竞赛体系，定期举办速度滑冰、短道速滑、冰壶、冰球、滑雪、雪地足球等形式多样的锦标赛、联赛。积极推动开展或承办全国性 U 系列或世界性青少年冰雪体育赛事，将其打造成青少年冬季运动品牌赛事。

第三，畅通冰雪人才选拔机制和通道。支持体育专业院校、高等学校

和冰雪特色学校探索体教融合之路，为有体育特长的学生提供成才路径，为国家培养冰雪竞技体育后备人才。通过完善竞赛体系和选拔政策，畅通学生运动员进入各级专业队、学校代表队的渠道。聘请专业教练员，科学安排训练计划，不断提高学生冰雪运动竞技能力和水平。

第四，加大冰雪场地设施建设。不断加大对学校冰雪体育场地、冰雪体育器材的投入，加强对冰雪运动场地的管理、维护、保养。鼓励企事业单位向学校提供赞助或捐赠冰雪体育器材，切实保证冰雪体育教学和赛事活动正常开展。

综上，课题组提炼和归纳出推进冰雪运动进校园的实现路径，该实现路径是课题组研究得出的，具有实践性、系统性和一定的前瞻性，但是理论研究终究离不开实践的检验。因此，建议学者在此基础上，探索更加系统切实可行的实现路径，从而指导校园冰雪运动的推广普及，进而推进黑龙江省体育强省建设步伐。

第三章　黑龙江省校园冰雪运动发展状况分析

课题组开展了中小学校冰雪教育资源现状调查与分析，通过省教育厅工作群渠道，开展了全省中小学校冰雪体育发展情况调查，旨在全面了解黑龙江省中小学校冰雪教育资源现状；此外，分析了采取体育联盟的发展方式，实现青少年冰雪体育各要素整合与机制创新，以及青少年冰雪体育资源供给侧改革路径分析，为冰雪教育资源共享机制和青少年冰雪运动推进体育强省建设实现路径提供支撑。

3.1　黑龙江省校园冰雪教育资源现状调查与分析（中小学）

课题组设计了《中小学校校园冰雪运动情况调查表》，通过省教育厅行政工作群渠道，由各地市教育局统一发放，在全省 3 497 所小学、初中、高中（含一贯制学校）开展普查工作，时间截至 2019 年 3 月。课题组统计了 3 434 所学校的有效数据。结果表明，青少年冰雪体育资源供给不足、配置不均衡的顽疾仍旧存在，具体表现在四个主要方面：一是冰雪场地资源地区间、学校间差异较大，学校是冰雪场地资源的供给主体，社会供给是有益补充；二是冰雪师资队伍建设无法满足校园冰雪运动需求，教师教育教学能力有待提高；三是冰雪体育课程与活动供给不足，冰雪赛事规模有待扩大、吸引力有待提升；四是冰雪器材、设施供给不足，需要建立经费配套政策与制度。具体分析如下。

3.1.1　冰雪场地

冰雪场地资源是指供人们进行冰雪运动所使用的场地和设施。这些场地和设施包括室内和室外的滑冰场、滑雪场、雪滑道、冰滑道等。

第一，冰雪场地资源地区之间、学校之间差异较大，不能完全满足冰雪运动进校园需求。一方面各地市之间、学校之间冰雪场地资源差异较大，数量最多的是哈尔滨市、齐齐哈尔市、绥化市；按在校生计算，生均冰雪场地面积仅 1.09 m²，生均面积最多的是大兴安岭地区、伊春市、双鸭山市（表3-1）。另一方面冰雪场地资源距离实现校园冰雪运动全覆盖的目标仍有差距。农村学校受经费影响只能利用自然雪地开展冰雪娱乐活动，这些学校占被调查学校的1/3。这说明学校冰雪场地资源供给不足和配置不均衡的问题依旧存在。

第二，学校是冰雪场地资源的供给主体，社会供给是有益补充。一方面学校是冰雪场地资源的供给主体。被调查的学校冬季自浇冰场 2 181 块、面积 236.5 万 m²，104 所学校自建小型雪场、面积 73 万 m²。另一方面，社会供给主体是学校冰雪场地资源的有益补充。有 236 所学校利用天然或社会公共冰场，面积达 38.4 万 m²，22 所学校利用社会滑雪场，面积达 650 720 m²，这些场地资源是学校供给的有益补充。

表3-1　被调查学校冰雪体育资源基本情况一览表（N＝3 434）

	学校数	冰雪教师人数	兼职教师人数	在校生人数	冰场数量	冰场面积（m²）	雪场数量	雪场面积（m²）	生均面积（m²）
哈尔滨市	1 037	1 134	419	803 633	605	487 638	81	112 600	0.75
齐齐哈尔市	471	467	394	485 000	212	449 098	2	15 000	0.96
牡丹江市	279	433	226	192 078	147	185 933	6	12 120	1.03
佳木斯市	236	238	113	179 647	148	251 060	1	1 000	1.40
大庆市	307	285	89	271 145	203	450 937	0	0	1.66
绥化市	424	248	293	416 354	448	78 085	0	0	0.19
伊春市	101	98	8	59 590	42	10 850	6	263 000	4.60
黑河市	125	279	137	88 405	84	164 053	1	15 000	2.03
七台河市	80	56	5	68 924	36	3 600	0	0	0.05
鸡西市	149	177	49	109 418	70	116 485	2	2 100	1.08
鹤岗市	46	52	24	44 522	61	3 000	0	0	0.07

表 3-1（续）

	学校数	冰雪教师人数	兼职教师人数	在校生人数	冰场数量	冰场面积（m²）	雪场数量	雪场面积（m²）	生均面积（m²）
双鸭山	123	246	42	91 612	74	83 650	3	150 000	2.55
大兴安岭	56	144	62	23 827	51	81 300	2	161 000	10.17
汇总	3 434	3 857	1 861	2 834 155	2 181	2 365 689	104	731 820	1.09

注：表中数据来自被调查学校，时间段为 2018 年 9 月—2019 年 3 月（下同）。

3.1.2 师资队伍

良好的师资队伍是校园冰雪运动发展必不可少的资源。师资队伍资源是指具有高水平教学和指导能力的教师、教练员等专业人才，这些人才具有专业知识和技能，能够指导学生并提高他们的技能水平。被调查学校积极采取措施解决师资队伍不足的问题，冰雪师资队伍建设取得初步成效。第一，在被调查学校中，除兼职教师以外，能教授冰雪项目的教师仅有1 996 人，这一数量远远不能满足学校冰雪运动发展需要，尤其是冰雪专项教师数量更无法满足推进冰雪运动进校园的需求。第二，教师教育教学能力有待提高。绝大多数参与冰雪运动的教师都是非冰雪专项的教师，这与学者研究结果一致[①]。虽然教育和体育部门组织了冰雪技能大赛和技能培训，一定程度上提高了教师的能力和水平，但培训时间多安排在冬季，此时正值学生冰雪课程和活动较多的时期，学校和教师参加培训的积极性不高，导致教师的冰雪专业技能和教育教学能力"提升难"的窘境，教师教育教学能力有待提高。

3.1.3 课程、活动与竞赛

学校是冰雪课程与活动的供给主体，冰雪课程开课率有待提高。有2 295 所被调查学校开设了冰雪体育课程和活动，占被调查学校总数的

---

① 张文博. 冰雪运动进校园 共筑冰雪强国梦［J］. 当代体育科技，2018，8（21）:46-48.

66.8%，开设的项目以滑冰、滑雪为主，以冰球、冰壶等项目为辅；此外，有学校还开展打雪仗、堆雪人、抽冰猴、冰车、雪地足球、雪地保龄球、冰上龙舟等冰雪娱乐项目。受访学校组建了 1 515 个冰雪运动队，参与人数 7.02 万人，成立了 2 964 个冰雪活动小组（或俱乐部），参与人数 6.64 万人（表 3-2）。值得注意的是，校内外培训机构成为冰雪健身与培训产品供给的有益补充，2.84 万人参加了校内外长短期培训，这也说明学校冰雪课程与活动供给不足，需要加大社会供给作为补充。

表 3-2　被调查学校冰雪体育课程与活动调查结果一览表（N=3 434）

调查内容	开设冰雪学校数（所）	举办冬季运动会学校数	参加人数（人）	冰雪运动队个数（个）	参加人数（万人）	冰雪俱乐部（个）	参加人数（万人）	参与冰雪总人数（万人）
数量	2 295	15	17 153	1 515	7.02	2 964	6.64	12.535 7

冰雪赛事规模有待扩大、吸引力有待提升。一方面，教育部门是青少年冰雪竞赛的供给主体。2018 年，有 9 个市（地）召开了市级冬季运动会，533 所学校召开了学校冬季运动会，参加学生人数为 18.4 万人；近 2 000 人参加了全省第三届学生冬季运动会。另一方面，体育部门会同教育部门和学生体育协会，积极承办全国冰雪项目比赛和活动，也是青少年冰雪体育竞赛产品的供给主体。黑龙江省体育局连续承办了 4 届全国青少年冬季阳光体育大会，此外，还举办青少年冰雪项目 U 系列联赛、锦标赛等[①]，这些赛事和活动为青少年学生提供了竞技展示的舞台。但参与比赛的学生人数有限，学生观众也寥寥无几，这表明学生冰雪赛事规模有待扩大，吸引力有待增强。

3.1.4 器材设施与条件保障

学校和家庭是冰雪运动器材和设施的供给主体。第一，学校是冰雪图书资料的供给主体。各市地或学校自编冰雪课程教材或教学指南 722 本，409 所学校共有冰雪教材或教学指南 37 422 本。第二，学校是器材和设施

---

① 数据来自黑龙江省体育局，截至 2019 年 1 月。

的供给主体，学校现有冰场围挡 239 套、冰壶器材 1 337 套、冰球器材 1 514 套、冰鞋 154 303 双、滑雪板 2 213 副（表3-3）等器材设施。第三，家庭是器材供给的有益补充，学生自备冰鞋、雪板等器材 20.55 万双（副、件）。这些器材和设施尚不能满足校园冰雪运动全覆盖的需求。

表3-3　被调查学校冰雪体育器材、设施情况一览表（N=3 434）

器材名称	冰场围挡（套）	冰鞋数（双）	滑雪板数（副）	冰壶器材（套）	冰球器材（套）	其他（套、件）
数量	239	154 303	2 213	1 337	1 514	19 389

　　冰雪体育活动和设施建设经费投入不足，需要建立经费配套政策与制度。2018 年各市（地）政府专项投入资金 7 502.38 万元、县级政府专项投入资金 2 696.08 万元、学校投入资金 1 655.17 万元；学校吸引企事业、社会组织及个人投入资金 287.49 万元（表3-4）；此外，体育部门投入青少年各类比赛经费 1 100 万元，投入"百万青少年上冰雪"器材购置经费 200 万元。这些经费保障了青少年冰雪体育的有序开展，但与 2018 年黑龙江省教育总投入资金 59.5 亿元[①]和校园冰雪运动发展趋势相比仍显不足。被调查学校都认为经费不足是冰雪运动进校园需破解的难题，需要探索建立经费配套政策和制度，保障经费投入和发挥经费使用效益。

表3-4　被调查学校冰雪体育经费调查一览表（N=3 434）

经费来源	省级政府专项	市地政府专项	学校投入	企业、社会组织及个人投入	合计
金额（万元）	7 502.38	2 696.08	1 655.17	287.49	12 141.12

3.2　黑龙江省校园冰雪教育资源对比分析（中小学）

　　课题组通过省教育厅行政渠道，每年向各市（地）教育局下发《校园

---

① 数据来自中国统计年鉴，2018 年。

冰雪运动发展情况基本数据表（市地汇总表）》，由 13 个市（地）教育局组织填报；课题组分析了 2019 年—2022 年冰雪体育课程、课外活动、冰雪竞赛、场地和师资等冰雪教育资源发展变化趋势，从而为冰雪运动进校园和冰雪体育资源共享机制和路径提供数据支撑。

3.2.1　冰雪体育课程

学校作为冰雪体育课程的供给主体，在推动校园冰雪运动发展过程中发挥着关键性的作用。从 2019 年到 2022 年，各级各类学校的冰雪体育课开课率呈现出逐年增长趋势（图 3-1），基本上覆盖了各学段的学校。此外，多所学校将冰雪体育课作为特色课程进行重点建设，力求突出地方特色形成一校一品。开设冰雪体育课的学校数量由 2019 年的 3 272 所到 2022 年的 3 163 所，参与冰雪体育课学生人数从 2019 年 192.9 万人到 2022 年的 194.3 万人，个别年度受突发公共卫生事件影响有所下降。总体来看，参与冰雪课程的学生占在校学生总数的比例由 2019 年的 71.9% 提升到 2022 年的 76.9%（表 3-5）。

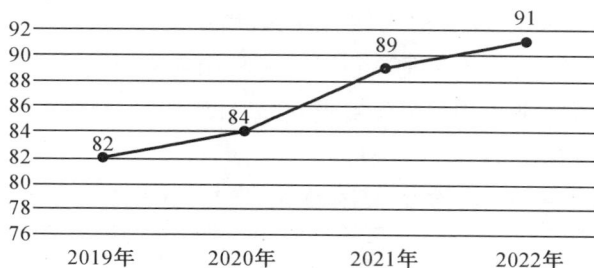

图 3-1　冰雪课程开课率变化图

表 3-5　校园冰雪体育课程发展情况表

	2019 年	2020 年	2021 年	2022 年
学校总数	3 272	3 153	3 126	3 163
在校学生总数	2 683 866	2 635 793	2 585 708	2 528 024
已开冰雪课程学校数	2 670	2 657	2 796	2 879
参加课程的学生人数	1 929 378	1 780 030	1 760 266	1 942 855

3.2.2　冰雪课外活动

近年来，黑龙江省学校越来越注重冰雪体育的发展，通过开展冰雪课外活动，让更多的学生了解和参与冰雪体育运动，从而带动全省冰雪运动的发展。调查显示，4 年来，黑龙江省学校开展冰雪课外活动的数量占学校总数的比例由 58.6% 增加到 68.3%，这表明学校在开展冰雪课外活动促进学生健康发展方面做出了积极的努力。而在 2022 年，有 150 万学生参加冰雪课外活动，其中有 58 万学生每周参加冰雪课外活动达 3 次以上。按照体育人口的标准，58 万的冰雪体育人口数量与实现全省冰雪运动高质量发展的目标还存在一定的差距，特别是参与冰雪运动的质量，更需要引起人们的重视。因此，教育部门和学校需要进一步加强冰雪体育的普及与推广，让更多的学生了解和参与冰雪运动，提高冰雪体育的参与率和质量。同时，也需要加强对学生冰雪运动的指导与培训，增强学生的冰雪技能和安全意识，让他们能够更好地享受冰雪运动的乐趣。只有这样，才能实现全省冰雪运动的高质量发展目标。

冰雪体育课外活动作为冰雪运动课的延伸，无疑是助力冰雪体育发展最有效的催化剂，全省各级各类学校鼓励冰球、冰壶、抽冰尜等体育项目走进课外。方式包括开展课外业余训练，开展冰雪类活动兴趣小组，开展冰雪类学生体育协会或俱乐部，开展校内外冰雪项目长、短期培训 4 种方式。令人欣慰的是，目前已有 2 095 所学校通过布置寒假冰雪体育作业推进冰雪运动走向课外（表 3-6）。这表明，冰雪体育课外活动的开展与参与正在日益活跃，并且已经成为寒假学生们的重要内容之一。学校应该进一步加强冰雪体育课外活动的组织和推广，让更多的学生参与其中，联合社会力量共同推进校园冰雪运动的发展。

表 3-6　校园冰雪课外活动开展情况表

	2019 年	2020 年	2021 年	2022 年
学校总数	3 272	3 153	3 126	3 163
在校学生总数	2 683 866	2 635 793	2 585 708	2 528 024
已开展冰雪课外活动的学校数	1 917	2 028	2 022	2 159

表 3-6（续）

	2019 年	2020 年	2021 年	2022 年
参加冰雪课外活动学生人数	1 271 551	1 304 726	1 474 187	1 502 244
周参加冰雪课外活动 3 次以上学生人数	441 229	397 512	471 105	580 281
布置寒假冰雪体育作业学校数	967	1 022	1 240	2 095

由表 3-7 校园冰雪课外活动组织情况表可知，近 4 年参与冰雪项目业余训练的学生人数逐年增多，很多学校为了满足学生的兴趣需求，提高学生的运动水平，组建了冰雪运动队。到 2022 年为止，全省学校冰球队数量达到 190 支，参与学生数量达到 5 570 人，冰壶队数量 243 支，参与学生数量 2 918 人，滑冰队数量 62 支，参与学生数量 1 735 人，雪地足球队数量 2 629 支，参与学生数量达到 94 025 人，其他队数量 167 支，参与学生数量达到 10 897 人。总的来说，无论是队伍数量还是参与学生人数均呈现出上升趋势。随着学生和家长对健康的重视，以及对参加冰雪运动队的兴趣不断提升，为学校冰雪运动后备人才培养创造了有利条件。

《冰雪运动发展规划（2016—2025 年）》中指出，要大力普及冰雪运动，鼓励开展冰雪运动俱乐部。冰雪运动俱乐部、体育协会作为冰雪体育课外活动与竞赛的重要阵地，从 2019 年到 2022 年，其创建的数量分别由 125 个增加到 291 个，参加人数由 4 952 人增加到 13 708 人，一定程度上保障了青少年冰雪后备人才的培养。2022 年，全省有 10.6 万名学生参加校内外冰雪项目长、短期培训，提升了青少年冰雪运动水平，此外，多所学校积极推进"校校合作"进行资源整合，搭建资源共享平台，共同助力优秀冰雪运动后备人才培养。

表 3-7 校园冰雪课外活动组织情况表

		2019 年	2020 年	2021 年	2022 年
组建冰雪运动队并开展课外业余训练	冰球队（支）	156	246	251	190
	参加学生人数（人）	2 416	4 480	5 761	5 570
	冰壶队（支）	201	205	178	243
	参加学生人数（人）	9 496	6 913	8 027	2 918
	滑冰队（支）	778	809	884	901
	参加学生人数（人）	41 542	41 963	44 822	22 765
	滑雪队（支）	48	55	59	62
	参加学生人数（人）	1 396	1 471	1 518	1 735
	雪地足球队（支）	2 083	2 469	2 765	2 629
	参加学生人数（人）	86 708	107 619	123 880	94 025
	其他（支）	437	134	142	167
	参加学生人数（人）	34 072	13 352	11 714	10 897
冰雪类活动兴趣小组	兴趣小组数量（个）	2 031	1 762	1 754	2 071
	参加人数（人）	171 835	173 684	152 543	172 216
冰雪类学生体育协会或俱乐部	数量（个）	125	135	179	291
	参加人数（人）	4 951	5 830	7 282	13 708
学生参加校内外冰雪项目长、短期培训情况	滑冰（人）	27 376	28 713	36 786	28 521
	滑雪（人）	1 289	2 788	3 788	2 944
	花样滑冰（人）	1 045	1 974	2 446	143
	冰壶（人）	8 110	6 633	7 811	3 032
	冰球（人）	1 942	3 904	5 175	3 343
	雪地足球（人）	66 206	65 129	151 173	55 647
	其他（人）	8 383	9 657	12 095	13 021

随着 2022 年北京冬奥会的成功举办，冰雪竞赛活动越来越受到人们的关注和青睐。数据显示，2022 年有 27.9 万人次参加市地级冰雪赛事；27.2 万人次参加校级冰雪赛事（表 3-8），参加人数较上一年度有大幅增长。此外，学校召开冬季运动会的数量也在逐年增多。全省重视加强教体结合，完善校园冰雪竞赛体系。建立完整的"校内竞赛—校级联赛—选拔

性竞赛"的校园冰雪竞赛体系，并与专业化青少年冰雪训练竞赛体系有机衔接、深度融合。

表 3-8　校园冰雪竞赛活动发展变化表

	参加人次	2019 年	2020 年	2021 年	2022 年
校级赛事活动	滑冰（人）	73 587	54 199	44 642	48 062
	冰壶（人）	6 577	7 519	7 209	8 535
	冰球（人）	2 445	5 346	6 524	5 647
	雪地足球（人）	176 787	98 624	151 303	171 653
	其他（人）	113 548	21 913	28 515	37 615
地市级赛事活动	滑冰（人）	6 370	3 625	3 986	271 512
	冰壶（人）	216	209	184	647
	冰球（人）	811	793	1 763	1 334
	雪地足球（人）	12 341	9 855	8 870	4 830
	其他（人）	372	375	383	1 065
省级以上赛事活动	滑冰（人）	288	232	350	354
	冰壶（人）	111	69	77	8 230
	冰球（人）	461	318	427	353
	雪地足球（人）	666	458	169	139
	其他（人）	30	1	24	59

表 3-9　校园开展冬季运动会情况表

	2019 年	2020 年	2021 年	2022 年
召开冬季运动会学校数量（所）	1 129	788	932	2 137
参加学生数（人）	246 433	160 281	171 943	241 692

3.2.3　冰雪场地和师资

冰雪场地类型情况如表 3-10 所示，黑龙江省中小学冰雪体育场地类型有室内冰场、室外冰场、市政公共冰场、校园共用冰场、自然冰场、自建雪场、社会雪场等。学校主要通过浇筑室外冰场或利用市政公共冰场、自然冰场、社会雪场等场地来满足日常教学需要，因此这些类型的场地数量及面积在逐年增加。冰雪运动对运动器材和装备有着较大的需求和较高的要求，近 4 年各项器材数量逐年增多，逐渐满足冰雪体育运动的需要。这与中国成功举办 2022 年北京冬奥会，掀起了青少年冰雪运动的热潮密不可分。

表 3-10 冰雪场地类型情况

内容		单位	2019 年	2020 年	2021 年	2022 年
室内冰场	个数	个	12	19	24	9
	面积	m²	31 210	44 950	59 130	20 150
室外冰场	已浇冰场学校	所	1 435	1 320	1 192	1 416
	数量	块	1 438	1 312	1 178	1 430
	面积	m²	1 796 657	1 732 432	1 621 569	1 573 167.5
市政公共冰场	数量	块	91	100	98	93
	面积	m²	259 590	239 765	265 285	278 075
校园共用冰场	数量	块	242	278	289	254
	面积	m²	397 373	425 594	505 272	451 944
自然冰场	数量	块	133	120	171	159
	面积	m²	208 811	301 450	309 886	270 665.5
自建雪场	学校数	所	95	86	25	53
	数量	块	95	885	25	56
	面积	m²	279 503	73 240	42 166	47 166
社会雪场	数量	块	18	14	16	28
	面积	m²	2 249 331	2 208 150	2 208 600	101 650
冰场围挡		套	858	905	995	1 224
冰鞋数		双	142 559	160 845	167 095	183 535
滑雪板数		副	2 059	2 217	2 595	2 518
冰壶器材		套	845	1 182	1 091	1 298
冰球器材		套	4 226	5 732	6 340	6 011
其他		套、件	4 676	5 436	5 190	6 227

师资情况调查表如表 3-11 所示，近年来，全省学校专职体育教师人数逐年增加，且冰雪项目教师占专职体育教师比重由 2019 年的 42.1% 上升至 2022 年的 46.3%，这与三亿人参与冰雪运动的政策导向和社会需求息息相关。然而，尽管冰雪专项教师的数量逐渐增长，校外兼职冰雪项目教师的总数近年来也出现了增加的趋势，但仍然存在着教练员数量不足的问题，无法有效满足校园冰雪运动发展趋势。同时，冰雪运动的专业性和运动安全也难以得到保障。因此，学校应重视人才引进，定期开展教师冰雪技能培训，提升冰雪体育教师的专业技能和教学水平，聘请冰雪项目退役运动员进入课堂，补齐学校冰雪教练员和教师的短板。

表 3-11　师资情况调查表

		2019 年	2020 年	2021 年	2022 年
专职体育教师总数		11 992	12 555	12 771	13 398
冰雪项目教师总数		5 045	4 901	5 026	6 203
兼职冰雪项目教师总数	校内兼职	3 653	3 608	3 723	2 431
	校外兼职	229	214	274	281

3.2.4　冰雪体育经费

经费投入是教育事业发展的关键因素之一。全省冰雪体育经费投入数额由 2019 年的 6242.92 万元减少到 2022 年的 3 777.24 万元，经费投入大幅度减少，这对校园冰雪运动的发展是一个严峻的挑战。虽然，2022 年各市（地）政府专项投入资金 568.64 万元、县级政府专项投入资金 1 862.184 万元、学校投入资金 1 184.02 万元，学校吸引企事业、社会组织及个人投入资金 162.39 万元（表 3-12），但与 2022 年黑龙江省教育总投资的 134 亿元和校园冰雪运动发展趋势相比仍显不足。这意味着，教育部门需要审慎地考虑如何更有效地利用有限的资源来推动校园冰雪运动的发展，寻找新的方法和途径来吸引更多的投资，如与企业合作、开展公益活动等。同时，教育部门还要加强管理和监督，确保经费的合理、高效使用，以实现教育事业的全面发展。

表 3-12　冰雪经费投入情况表

		2019 年	2020 年	2021 年	2022 年
市地政府专项	场地	1 463.3	153	139.23	359.3
	器材	1 569.59	117.348 5	113.79	74.756
	比赛	149	126.540 7	229.15	48.87
	活动	42.35	41.009 3	51.6	52.544
	其他	983.3	1 168.5	1 667.47	47.57
	小计	4 187.54	1 578.398 5	2 165.25	568.64
县级政府专项	场地	256.1	216.7	474.37	1 521.6
	器材	164.75	204.14	274.25	268.96
	比赛	74.7	66.26	72.5	2 459.314
	活动	18.2	42.92	72.9	44.33
	其他	12.2	33.95	41	30.3
	小计	482.95	524.01	865.9	1 862.184
学校投入	场地	634.364	709.191 4	629.851	539.713 7
	器材	417.827	426.593 21	402.95	285.697 2
	比赛	217.670 7	204.424 02	244.264	2 762.224 9
	活动	159.15	154.743 7	148.585	151.299 8
	其他	52.285	70.92	69.2	41.25
	小计	1 447.816 7	1 539.472 33	1 471.526	1 184.022 7
吸引企事业、社会组织及个人投入（捐助、赞助等）	场地	9.1	3.5	4	2
	器材	83.01	9.6	19.3	103.39
	比赛	14	21	15.7	1 481.962 5
	活动	5	14.1	71.3	1
	其他	14.5	19.1	5.6	55.5
	小计	124.61	66.7	115.9	162.39

　　课题组持续开展了黑龙江省中小学校冰雪教育资源现状调查与分析工作，旨在全面了解各地冰雪教育资源的现状和需求，为校园冰雪运动高质量发展提供数据支持，为推进全民健身和体育强省建设提供决策支持。一方面，对中小学校冰雪教育资源现状进行调查分析，可以帮助学校更好地

了解自身的教育资源，更好地规划和开展冰雪教育活动，提高教育质量，丰富学生的课余生活，促进学生全面发展。另一方面，对中小学校冰雪教育资源现状进行调查分析，可以为政府制定相关政策提供参考，促进冰雪教育在中小学校的普及和发展。同时，也可以为社会各界提供了解校园冰雪运动发展状况的渠道，促进全社会对冰雪教育的关注和支持。

3.3 青少年冰雪教育资源供给侧改革分析

共享学校和社会冰雪教育资源，发展校园冰雪运动，这是推进冰雪运动进校园和"带动三亿人参与冰雪运动"的有效途径和重要保障[①]。然而，现阶段高校冰雪体育资源供需矛盾仍旧突出，尤其是学校和社会之间冰雪体育资源共享的制度障碍和行业壁垒依然存在，导致冰雪体育资源供给不足、配置不均衡的问题待解，根治学校冰雪体育资源共享的"顽疾"，推进冰雪运动走进校园，这是摆在我们面前亟待解决的重要课题。因此，从侧需理论视角，对冰雪体育资源相对丰富的冰雪特色学校的典型案例加以研究，分析冰雪教育资源供给侧改革的学理依据与实现路径，在此基础上构建冰雪体育资源共享机制理论模型，为破除冰雪体育资源共享制度障碍和打破行业壁垒提供理论支撑和参考。

3.3.1 供给侧改革解决的问题

如前文所述，学者研究一致认为，制约学校和社会之间冰雪体育资源共享的因素有两点，也是供给侧改革需要重点解决的问题：一是学校之间冰雪体育场馆、师资和课程等资源共享机制尚未建立，无法实现资源共享，从而满足青少年学生冰雪运动需求；二是教育和体育行政部门以及学生体育协会之间，存在"各自为政、分兵把口"的现象，造成冰雪竞赛资源难以共享，信息互联互通不畅的局面，开展青少年冰雪体育资源供给侧改革是解决问题和改变局面的有效途径之一。

供给侧改革是指强调经济结构转型，突出调整结构，使生产要素实现

---

① 于海浩，孙玉巍. 俱乐部培养花样滑冰后备人才的可行性研究 ［J］. 冰雪运动，2012，34（4）:32-37

最优化配置的经济学发展理念，旨在提高经济发展质量和数量[①]。学者对体育领域供给侧改革进行了研究（任海，2018；杨雅晰，2017）。程文广（2016）最早研究冰雪体育供给侧改革，他论述了大众冰雪健身供给侧治理路径，提出政府、协会、社会、市场、企业共同参与的治理模式[②]。汪丽华（2018）指出，冰雪运动进校园供给侧主要有教学内容、教材建设、教学方法等，推进、调整、优化，提高供给结构对需求变化的适应性和灵活性[③]。学者多探讨需求侧相对供给侧的适应性滞后问题，对供给侧改革的主体和对象界定尚不清晰，推进冰雪运动进校园，开展供给侧改革的要素应该是青少年冰雪体育资源，现有研究缺少多供给主体和资源配置与共享的视角。学校是教育服务的供给主体[④]，然而，近几年社会冰雪体育资源和青少年培训等社会冰雪教育也在蓬勃发展，这是对校园冰雪体育资源的有益补充。实施冰雪体育资源供给侧改革，如何处理好青少年冰雪体育产品和服务的供给方式、供给能力和需求三者之间的关系，形成多中心供给模式，这是实现青少年冰雪体育资源供求均衡的关键所在，也是本研究的逻辑起点和研究假设。

3.3.2　供给侧改革的关键因素

从供求视角来看，推动青少年冰雪体育发展的供给侧和需求侧都至关重要。供给侧改革是指破除青少年冰雪体育资源共享制度障碍的过程。在这个过程中，需要处理好青少年冰雪体育服务的供给方式、供给能力和需求三者之间的关系。要实现供给侧改革，需要形成政府扶持、协会引导、学校主体、企业参与的多中心供给模式，并通过体制机制创新和提升治理能力的过程，打破场馆、师资、资金等关键要素并重新组合，从而实现要素整合与政策创新，为青少年学生提供丰富的冰雪体育资源和服务产品，

---

① 孙亮，石建勋．中国供给侧改革的相关理论探析［J］．新疆师范大学学报（哲学社会科学版），2016，37（3）：75-82.

② 程文广，刘兴．需求导向的中国大众冰雪健身供给侧治理路径研究［J］．体育科学，2016，36（4）：11-19.

③ 汪丽华，段少楼．供给侧改革视角下冰雪运动进校园实施策略探究［J］．河北体育科技，2018，37（7）：649-652.

④ 吴超林．中国教育有效需求不足之经济分析［J］．学术研究，1992（3）：82-86.

完善青少年冰雪体育服务体系。

具体来说，推动青少年冰雪体育发展的供给侧需要关注四大要素：场馆、师资、资金和政策创新。场馆是冰雪体育发展的物质基础，需要建设和提供适宜的场地环境；师资是冰雪体育发展的人才基础，需要培育和吸引有能力的教练和管理人员；资金是冰雪体育发展的经济基础，需要提供适当的投入和支持；政策创新是冰雪体育发展的制度基础，需要制定和完善相关政策法规，明确政府主导和市场化运作的关系。

而需求侧则需要关注"三架马车"，即课程与活动、健身与培训、竞赛与服务。这三个方面是青少年冰雪体育服务的主要内容和形式，需要根据不同需求和目标提供不同的服务产品。课程与活动是基础性的服务内容，需要提供运动技能和知识的培训；健身与培训需要提供专业化的培训和训练内容；竞赛与服务是提高竞技水平和社交能力的主要舞台，需要提供比赛组织和社交活动等服务产品。

因此，为了推动青少年冰雪体育发展，需要在供给侧和需求侧同时进行改革和创新。在供给侧，需要破除青少年冰雪体育资源共享制度障碍，形成多中心供给模式，整合创新场馆、师资、资金等要素，提供更丰富、更优质的服务产品。在需求侧，需要根据不同的需求和目标提供不同的服务形式，满足青少年学生的多样化需求。只有在供给侧和需求侧都得到充分发展，青少年冰雪体育才能真正健康、可持续地发展。

3.3.3 供给侧改革的供给主体

青少年冰雪体育资源供给主体包括政府、协会、学校、企业等多方主体。这些供给主体共同为青少年提供高质量的冰雪人才培养、冰雪课程、健身与培训、竞赛与服务等，可以满足青少年冰雪体育教学、活动和竞赛的需求。

第一，政府作为政策、资金和监管主体。一是通过校园冰雪运动政策试验和试点提供创新性政策；二是提供专项经费、资金筹措渠道和金融政策支持；三是履行好监管责任，确保达成校园冰雪体育服务的目标和宗旨，避免过度商业化、利益化。

第二，体育协会和体育部门作为学生竞赛服务的主体。一是联合各方力量创新办赛模式，为青少年提供多元化、分层次竞赛产品和服务；二是提供冰雪师资培训与职业技能认定产品和服务，为青少年冰雪运动提供人才和技术支持。

第三，学校作为青少年冰雪运动供给和服务直接主体。一是提供冰雪体育课程与活动，二是提供分层次校内冰雪竞赛，三是提供冰雪文化娱乐活动。

第四，冰雪企业作为学校冰雪资源和青少年培训产品的供给主体。一是为学校和学生共享冰雪场地资源，二是提供多样化青少年冰雪冬令营等培训产品，三是为青少年学生冰雪竞赛提供场地和技术支持，四是探索社会资本引入青少年冰雪体育领域的机制。

第四章 冰雪运动特色学校评价指标体系构建研究

　　2019年6月，教育部等四部门《关于加快推进全国青少年冰雪运动进校园的指导意见》（教体艺〔2019〕3号）就加快推进全国青少年冰雪运动进校园提出了相应意见与要求。截至2020年11月，中国遴选了2 062所国家级冰雪运动特色学校，黑龙江省有250所全国冰雪运动特色学校（占全国总量的1/10）。2017年，黑龙江省分三批建设了524所冰雪特色学校，旨在树立一批校园冰雪运动工作的先进典型，加快推进冰雪运动进校园，助力实现三亿人参与冰雪运动目标。近几年，冰雪体育课开课率和课外活动参与率显著提高，青少年冰雪体育赛事明显增多，体教融合畅通冰雪后备人才培养渠道逐步形成，校园冰雪运动蓬勃发展、品牌效应凸显。然而，冰雪运动特色学校发展处于什么状态，如何充分发挥特色学校在推进冰雪运动进校园过程中的引领作用，以及如何评估冰雪运动特色学校可持续发展等问题，尚需深入研究。为此，课题组采用德尔菲法对15位专家进行了两轮的专家咨询，按照可持续发展理论和构建原则，构建了教学与课外活动、训练与竞赛、条件保障、组织领导4个一级指标的冰雪运动特色学校可持续发展评价指标体系及权重，针对特色学校发展评价工作复杂、数据采集难等实际困难，采用模糊综合评价方法对部分黑龙江省全国冰雪运动特色学校进行了实证研究，旨在为教育行政部门评估冰雪特色学校发展状况提供理论支撑。

4.1　黑龙江省级冰雪运动特色学校发展状况调查分析

　　课题组通过问卷网向524所黑龙江省冰雪特色学校发放调查问卷（含全国冰雪运动特色学校250所）（表4-1），由冰雪特色学校教师上网填写，发放时间为 2021 年 5 月。共回收问卷 287 份，回收率为 54.8%，有效问卷 287 份，有效率为 100%。采取网络问卷调查回收率稍低，但回收样本学校的代表性较强，仅有三个地市回收率低于 40%，其他地市回收率在 70% 左右。

表 4-1 问卷发放与回收情况汇总表

		回收数量	有效问卷	有效率%
哈尔滨市	138	64	64	100%
齐齐哈尔市	52	37	37	100%
牡丹江市	75	44	44	100%
佳木斯市	37	9	9	100%
大庆市	18	9	9	100%
绥化市	31	21	21	100%
伊春市	22	17	17	100%
黑河市	30	23	23	100%
七台河市	17	16	16	100%
鸡西市	24	19	19	100%
鹤岗市	30	7	7	100%
双鸭山市	27	8	8	100%
大兴安岭地区	17	13	13	100%
农垦森工	29	—	—	—
合计	524	287	287	100%

4.1.1 冰雪运动特色学校基本情况

2017 年—2019 年，黑龙江省教育厅分三批遴选和建设了 524 所省级冰雪特色学校。按当时的行政区域划分，各地分布情况见表 4-2，其中哈尔滨市有 138 所，占全省冰雪特色学校总数的 1/5，其次是牡丹江市（75 所）、齐齐哈尔市（52 所），冰雪资源丰富的黑河市和鹤岗市也各有 30 所，学校数量与当地冰雪资源和条件密切相关。

表 4-2　冰雪特色学校分布情况统计表（N＝524）

地市	时间（年）及数量（所）			总数
	2017 年	2018 年	2019 年	
哈尔滨市	47	37	54	138
齐齐哈尔市	14	23	15	52
牡丹江市	28	26	21	75
佳木斯市	15	17	5	37
大庆市	5	10	3	18
鸡西市	11	10	3	24
双鸭山市	16	6	5	27
伊春市	11	8	3	22
七台河市	13	2	2	17
黑河市	12	9	9	30
鹤岗市	10	13	7	30
大兴安岭市	6	7	4	17
绥化市	8	12	11	31
绥芬河市	1	0	0	1
森工总局	6	0	0	6
农垦总局	18	5	0	23

4.1.2　组织领导和机构设置

《黑龙江省冰雪特色学校遴选标准》中明确要求各申报学校要将冰雪体育工作列入学校长期发展规划和年终考核内容，要求各学校成立由主管校长带头的冰雪体育工作领导小组，负责领导和开展校园冰雪运动。

被调查学校中有 238 所学校由体育组（或教研室）负责冰雪体育工作，占比 82.9%；有 46 所学校成立了专门小组负责，占比 16.0%；1 所学校无明确的负责部门，有 2 所学校是由学校政教处负责。数据表明，大多数冰雪特色学校已经建立了冰雪体育工作相关负责部门，符合冰雪特色学校遴选标准，也说明学校领导对校园冰雪运动的高度重视，有 16% 的学校成立了校级专门工作小组。

由表4-3可知，有79.4%的学校制订了校内外冰雪活动计划；214所学校有安全及保障方案，占比74.6%；有176所学校有冰雪课教学进度和冰雪竞赛计划；其次分别是"大课间冰雪活动计划"和"冰雪教学大纲"，分别占比59.6%和43.2%；只有34.5%的学校有冰雪教师培训计划，30.3%的学校有冰雪竞赛奖励政策。数据表明，冰雪特色学校在政策和制度建设方面较好，尤其是在校内外冰雪活动和安全及保障方面，但在冰雪课程、教师培训和竞赛计划，以及奖励方面的相关政策还有待落实落地。

表4-3　冰雪特色学校冰雪体育工作相关文件制度情况表（N=287）

相关文件政策制度	学校数量	百分比	排名
校内外冰雪活动计划	228	79.4%	1
安全及保障方案	214	74.6%	2
冰雪课教学进度	176	61.3%	3
冰雪竞赛计划	176	61.3%	3
大课间冰雪活动计划	171	59.6%	4
冰雪课教学大纲	124	43.2%	5
冰雪教师培训计划	99	34.%	6
冰雪竞赛奖励政策	87	30.3%	7
其他	3	1.1%	8

4.1.3　条件与保障

2016年，国务院办公厅印发的《关于强化学校体育促进学生身心健康全面发展的意见》提出，要增强自身基础能力，提升学校体育基础保障水平[①]。课题组对冰雪特色学校师资队伍建设、经费支持、场地建设、安全措施及文化宣传等5个方面进行调查分析，充分了解冰雪特色学校条件保障情况。

1. 师资队伍建设

国家体育总局、教育部办公厅印发的《全国体育传统项目学校体育师

① 国务院办公厅印发《关于强化学校体育促进学生身心健康全面发展的意见》[Z]．2016-5.

资培训五年计划（2016—2020 年）》中要求开展本地区体育传统项目体育师资培训工作，不断提升体育教师的专业能力[①]。

由表 4-4 可知，被调查的冰雪特色学校承担冰雪教学和课外活动教师数量为 2 050 人，其中，专职教师人数为 748 人，占比 36.5%；聘请校外兼职教师为 106 人，占比 5.10%；班主任（或辅导员）为 1 829 人，占比 87.9%。结果表明，目前专职冰雪教师人数较少，仅占承担冰雪教学和课外活动总人数的 1/4。访谈中还了解到，班主任（或辅导员）在冰雪活动开展过程中的角色非常重要，负责组织活动和维持纪律以及保证学生的安全问题。虽然有些学校通过招聘校外人员作为兼职教师解决师资不足问题，但中小学冰雪专业教师匮乏的问题仍然突出。

表 4-4　冰雪特色学校不同性质冰雪教师人数情况表（N＝287）

教师性质	专职教师	校外兼职教师	班主任（或辅导员）	合计
N	748	106	1 829	2 050
百分比	36.5%	5.1%	87.9%	100%

教师年龄结构方面。有 235 名教师年龄在 20~30 岁，占比 12.3%；有 542 名教师年龄在 31~40 岁，占比 28.4%；有 738 名教师年龄在 41~50 岁，占比 38.7%；还有 392 名教师年龄在 51 岁以上，占比 20.6%（图 4-1）。结果显示，教师年龄在 41~50 岁居多。这表明承担冰雪教学和活动的教师大多为中、老年教师为主，青年教师数量较少，应增加青年教师比例，优化师资队伍年龄结构。

调查发现，体育教师职称占比最多的为二级教师，占比 43.3%（696 人）；其他依次为一级教师占比 32.2%；高级教师占比 17.7%；其他占比 3.0%（表 4-5）。可以看出，特色学校中半数以上教师是一级或高级职称。访谈中还了解到，学校评选高级职称名额较少，体育教师与其他学科教师相比优势较小，职称晋升难的问题一直存在，这对体育教师的工作积极性

---

① 国家体育总局、教育部办公厅印发《全国体育传统项目学校体育师资培训五年计划（2016—2020 年）》［Z］.2016-6.

和职业发展有一定的影响。因此，应畅通体育教师职称晋升通道，破解体育教师职称晋升的难题。

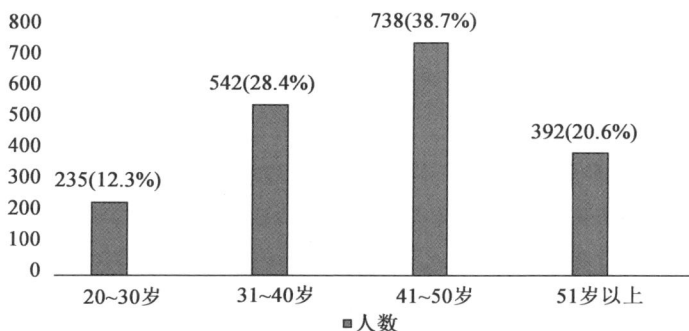

图 4-1 冰雪特色学校体育教师年龄结构情况统计图（N=287）

表 4-5 冰雪特色学校体育教师职称情况表（N=287）

职称	三级教师	二级教师	一级教师	高级教师	其他	合计
N	62	696	517	284	49	1 608
百分比	3.8%	43.3%	32.2%	17.7%	3.0%	100%

冰雪特色学校体育教师学历以大学本科居多，占比 73.1%；大学专科学历人数为 339 人，占比 19.8%；研究生学历人数为 52 人，占比 3.0%；博士学历人数为 9 人，占比 0.5%（表 4-6）。结果表明，冰雪特色学校高学历教师人数较少。

表 4-6 冰雪特色学校体育教师学历情况表（N=287）

学历	博士	研究生	大学本科	大学专科	其他	合计
N	9	52	1 252	339	61	1 713
百分比	0.5%	3.0%	73.1%	19.8%	3.6%	100%

被调查学校主要通过学校内部培训的方式解决师资不足问题，占比高达 49.4%；还有 11.1% 的学校通过人才引进（招聘毕业生）的方式招收教师；在外聘优秀退役运动员和社会人员兼职方面分别占比 6.4% 和 8.2%；

此外，还有 18.8% 的学校没有引进冰雪专业教师（表4-7）。通过访谈得知，教师参加校外培训和外聘优秀退役运动员都有一定困难，受访者认为"由于学校冰雪专业体育教师较少，在专业技能方面存在短板，对学生冰雪技能的传授会产生一定的影响"。

表4-7　冰雪特色学校体育教师引进方式情况表（N=287）

招聘方式	外聘优秀退役运动员	外聘社会兼职人员	外聘其他学校教师	学校内部培训	人才引进（招聘毕业生）	无	其他
N	25	32	21	192	43	73	3
百分比	6.4%	8.2%	5.4%	49.4%	11.1%	18.8%	0.7%

体育教师参加培训的机会较少，35.0% 的教师主要通过自学掌握冰雪知识与技能，有半数教师参加过省、市和学校组织的技能培训，在教学任务繁重的情形下，教师能够积极参与培训学习，这也能反映出学校对冰雪运动的重视以及教师积极的工作态度。此外，参加过国家和社会机构组织的培训人数较少，分别占比 10.5% 和 4.6%，这与培训经费少和国家培训名额限制有关，导致教师知识更新和教学能力提升存在困难（表4-8）。

表4-8　冰雪特色学校体育教师参加培训情况表（N=287）

培训方式	国家组织的培训	省市组织的培训	学校组织的培训	社会机构组织的培训	教师自学
N	72	172	170	32	240
百分比	10.5%	25.1%	24.8%	4.6%	35.0%

2. 经费来源与使用

调查发现，72.1% 的学校是自筹经费开展校园冰雪运动，有专项经费的学校仅占 39.4%，这说明特色学校专项经费不足；38.0% 的学校获得过上级政府部门支持的冰雪运动经费（表4-9）。这些经费对保障校园冰雪运动发展起到了重要作用。

表4-9　冰雪特色学校经费来源情况表（N=287）

经费来源	社会赞助经费	特色学校专项经费	上级政府部门	学校自筹经费	学校事业经费
N	17	113	109	66	207
百分比	3.3%	22.1%	21.3%	12.9%	40.4%

经费使用方面，每年用于冰雪场地、教学及活动的全部经费集中在5 001~20 000元（图4-2）。有95.8%的学校将经费投入到场地与器材的建设中，尤其是冰场建设中，解决场地与器材不足等问题；校内外冰雪课余训练与竞赛使用的经费占比也较高，达81.5%，这表明学校非常重视冰雪课余训练与竞赛工作，不仅是对教师对冰雪运动的热爱和工作态度的肯定和认可，还在活动经费上加以支持；69.7%的学校将经费投入到教学与活动中，这也说明冰雪特色学校对于冰雪体育教学与活动的开展也十分重视；但在奖励和保险方面使用的经费较少。

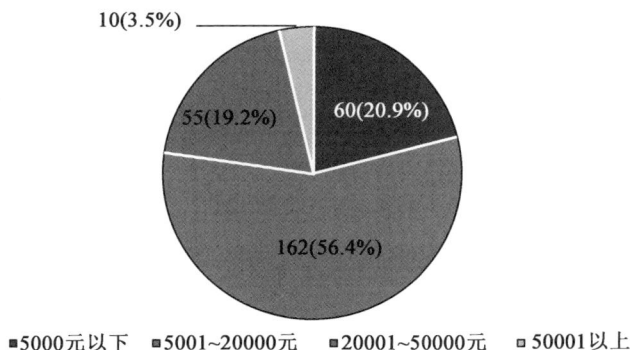

图4-2　冰雪特色学校在冰雪场地、教学与活动方面的经费投入情况表（N=287）

表4-10　冰雪特色学校经费投入情况汇总表（N=287）

经费投入	场地与器材	教学与活动	训练与竞赛	奖励	保险
N	275	200	234	116	104
百分比	95.8%	69.7%	81.5%	40.4%	36.2%

3. 场地建设

课题组对冰雪特色学校的场地数量、场地面积和场地类型进行了调查。由表 4-11 可知，83.9% 的学校冰雪场地类型属校内自浇小冰场，用来保障冬季冰上课和活动的开展；仅 6.3% 的学校利用校内 400 米跑道浇冰场，其原因有两点：一方面，有的学校没有 400 米标准跑道，只能在篮球场等空闲室外场地进行冰场建设；另一方面，学校担心冰场影响塑胶跑道的使用寿命，因此，不愿在其上面浇筑冰场，尽管有学校采取在塑胶跑道上铺设塑料布等措施加以解决，学校仍然不愿尝试。

表 4-11　冰雪特色学校场地类型情况表（N=287）

场地类型	校内自浇小冰场	校内 400 米跑道冰场	利用校内自然冰场或雪场	利用社会公共冰雪场地	租借校外冰雪场地
N	241	18	48	49	19
百分比	83.9%	6.30%	16.7%	17.1%	6.60%
场地面积	1 000 m² 以下	1 001~2 000 m²	2 001~3 000 m²	3 001~4 000 m²	4 001~5 000 m²	5 000 m² 以上
N	75	96	33	17	26	40
百分比	26.1%	33.4%	11.5%	5.9%	9.0%	13.9%

有 26.1% 的学校冰雪场地面积在 1 000 m² 以下；场地面积在 1 001~2 000 m² 范围内的学校最多，占比 33.4%；此外，13.9% 的学校冰雪场地面积在 5 000 m² 以上，这些场地以滑雪场为主，需要面积较大的空间进行教学与训练，因此，在校外会自建雪场以及自建滑雪毯等。数据表明，大部分冰雪特色学校都具备可使用的冰雪场地，但是场地数量不足、场地面积较小的问题仍旧突出（表 4-11）。

4. 安全保障

冰雪特色学校制定冰雪运动安全措施情部图如图 4-3 所示。冰雪特色学校非常重视安全保障问题，都制定了保障学生冰雪运动的安全措施。尤其是开展安全排查（占比 86.1%）、要求学生佩戴护具，讲解安全常识及告知语（占比 85.0%）及课前或活动前开展安全排查（占比 85.0%）方面投入精力较多；有 72.1% 学校设立了专门的安全机构并有相应预案，

69.7%的学校安排专人负责学生冰雪运动安全工作，有 69.0%的学校要求学生购买相关保险，但学校一般不强制性要求学生在校购买保险；另外，有 41.1%的学校配备专门医护人员保障学生安全。

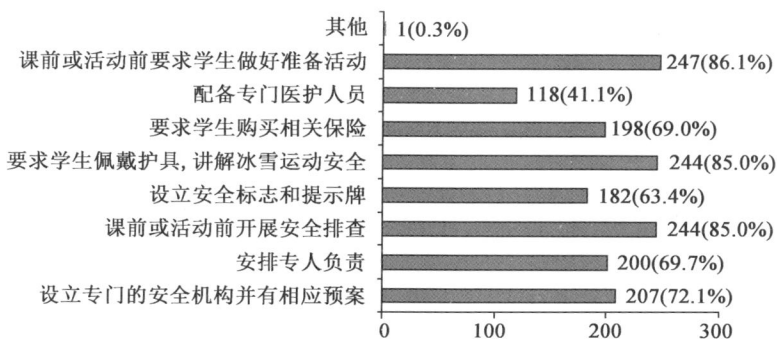

图 4-3　冰雪特色学校制定冰雪运动安全措施情况图（N＝287）

4.1.4　教学与活动

教育部等四部门联合印发的《关于加快推进全国青少年冰雪运动进校园的指导意见》[①] 中明确提出，要积极开展冰雪项目教学活动，并且在有条件的北方要将冰雪项目作为冬季体育课的主要内容。课题组汇总了课程内容、课程时数、课程时长、教材，以及课外活动的内容、项目和形式等方面基本情况。

1. 课程教学

冰雪特色学校开设课程内容最多的是雪地足球，有 84.7%的学校将雪地足球项目作为冬季体育课程内容之一；其他课程排序依次为滑冰（78.4%）、冰雪娱乐项目（60.6%）和冰壶（19.2%）；而滑雪、冰球、花样滑冰和仿冰仿雪等其他冰雪项目开设较少（表 4-12）。

---

① 教育部等四部门联合印发《关于加快推进全国青少年冰雪运动进校园的指导意见》［Z］．2019-5.

表 4-12　冰雪特色学校冰雪课程内容设置情况表　（N=287）

冰雪项目	N	百分比	排名
滑冰	225	78.4%	2
滑雪	17	5.9%	7
冰球	75	2.6%	8
花样滑冰	7	2.4%	9
冰壶	55	19.2%	4
仿冰、仿雪	19	6.6%	6
雪地足球	243	84.7%	1
冰雪娱乐项目	174	60.6%	3
其他冰雪竞技项目	42	14.6%	5

　　38.7%的学校每周开设 3 次冰雪体育课；每周 4 次的学校仅占 4.1%；每周 5 次的学校占 3.5%；每周开设 2 次的学校占 33.8%；数据表明，特色学校开设冰雪体育课达到 97.9%，但仍有 7 所学校未能开设冰雪课，距离省委省政府提出的冰雪体育课程全覆盖仍有一点差距。

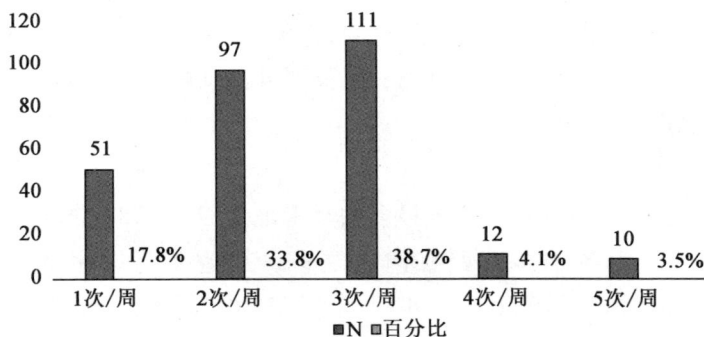

图 4-4　冰雪特色学校冰雪课程频率情况图　（N=287）

　　冰雪体育课时长在 31~45 分钟的学校有 208 所，占比 73%；课程时长在 46~90 分钟的学校有 61 所，占比 21.0%；课程时长在 30 分钟以下和 91 分钟以上的学校较少，分别占比 4.0% 和 2.0%。数据表明，开课时长受不同学段课时限制，每节课 40~45 分钟的学校占比最高；有部分学校对冰雪运动感兴趣的学生延长课时，帮助学生进行课余训练。这从侧面说明部分学校领导和教师高度重视校园冰雪运动发展。

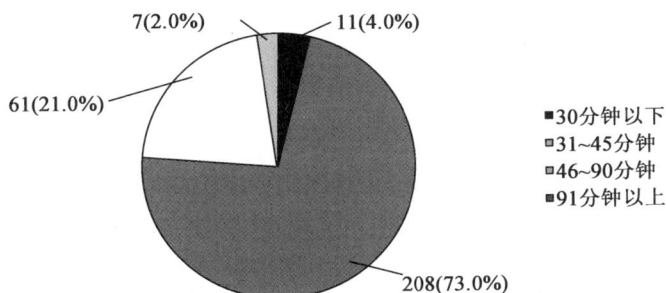

图 4-5　冰雪特色学校冰雪课程时长情况图（N=287）

　　教材是辅助教师进行教学和学生学习的基本参考材料。受访学校中，有 48% 的学校配备冰雪课程教材；52.0% 的学校没有配备教材。访谈了解到，大部分教材也较为陈旧，无法满足新形势教育教学的需求。因此，教育部门应针对不同学段学生的特点开发适用的冰雪教材，保障冰雪课程内容和教学的科学性和连续性。

表 4-13　黑龙江省冰雪特色学校冰雪课程教材配备情况表（N=287）

有无教材	有	无	总计
N	138	149	287
百分比	48.0%	52.0%	100%

　　2. 课外活动

　　课外活动的主要内容和项目。有 86.4% 的学校课外活动开展雪地足球；其他依次是滑冰 84.3%、冬季长跑（66.6%）、冰杂（51.2%）和爬犁（41.5%）（表 4-14）。数据表明，一是学校开设了学生喜爱的课外活动项目；二是课外活动项目受场地条件限制，导致像滑雪、冰球、冰滑梯和冰球等项目的开展较少。学生参与课外活动的主要形式有课余训练和比赛、冰雪趣味活动、大课间等，有 81.5% 的学校是通过冰雪训练和比赛的形式组织课外活动，冰雪趣味活动占比也较高（72.8%）；冰雪大课间也是学生参与冰雪课外活动的重要形式。此外，学校较少开展知识讲座和竞赛以及家庭冰雪体育作业的形式。

表 4-14　黑龙江省冰雪特色学校冰雪课外活动主要项目和内容情况表（N=287）

冰雪课外活动的主要项目和内容	学校数量	百分比	排名
滑冰	242	84.3%	2
滑雪	30	10.5%	9
冰球	81	28.2%	7
花样滑冰	13	4.50%	12
冰壶	60	20.9%	8
冰杂	147	51.2%	4
爬犁	119	41.5%	5
冰滑梯	28	9.70%	10
雪地足球	248	86.4%	1
冬季长跑	191	66.6%	3
其他娱乐项目	83	28.9%	6
其他竞技项目	23	8.01%	11
无	2	0.69%	13

表 4-15　冰雪特色学校学生参与冰雪课外活动的主要形式情况表（N=287）

参与课外活动的主要形式	N	百分比
冰雪训练和比赛	234	81.5%
冰雪趣味活动和比赛	209	72.8%
冰雪大课间	166	57.8%
知识讲座和竞赛	49	17.1%
家庭冰雪体育作业	63	22.0%
校园冰雪节	129	44.9%
其他	3	1.04%

4.1.5　训练与竞赛

积极引导学生参与课余训练和竞赛，不仅可以增强学生身体素质，还可以磨炼学生坚强的意志品质和培养学生独立思考、团队协作的能力，也是培养冰雪后备人才的渠道之一。

1. 课余训练

组建冰雪训练队情况。由表4-16可以看出，组建1支代表队的学校有109所，占比37.9%；组建2支代表队的学校有108所，占比37.6%；组建3支训练队的学校有29所，占比10.1%；具有4支训练队的学校有10所，占比3.4%；超过4支训练队的学校占比不超过1.0%；另外还有23所学校没有组建冰雪训练队，占比8.0%。数据表明，大部分学校都已组建了冰雪训练队，以1支和2支队伍居多，4支以上的队伍较少。分析其原因：一是学校场地设施条件限制无法组建训练队；二是缺乏负责训练的高水平教师或教练员。

表4-16 冰雪特色学校冰雪训练代表队情况表（N=287）

冰雪训练代表队	N	百分比
0支	23	8.0%
1支	109	37.9%
2支	108	37.6%
3支	29	10.1%
4支	10	3.4%
5支	1	0.3%
6支	3	1.0%
8支	1	0.3%
12支	1	0.3%

冰雪课余训练次数情况。21.1%的学校训练次数在每周1~3次；其次是每周训练次数为4~5次，占比20.9%；有18.5%的学校坚持每天训练；还有10.9%的学校仅在赛前进行集训。数据表明，冰雪特色学校对开展课余训练比较重视，更应发挥特色示范作用开展冰雪特色活动和训练。

表 4-17　冰雪特色学校冰雪训练次数情况表（N=287）

训练次数	0 次/周	1~3 次/周	4~5 次/周	每天训练	赛前集训
N	10	133	60	53	31
百分比	3.5%	21.1%	20.9%	18.5%	10.8%

如图 4-6 所示，32.8% 的学校每次训练时长在 61~90 分钟，31.4% 的学校在 46~60 分钟；有 25.1% 的学校训练时长在 45 分钟以内；还有 7.30% 的学校训练时长在 91 分钟以上。

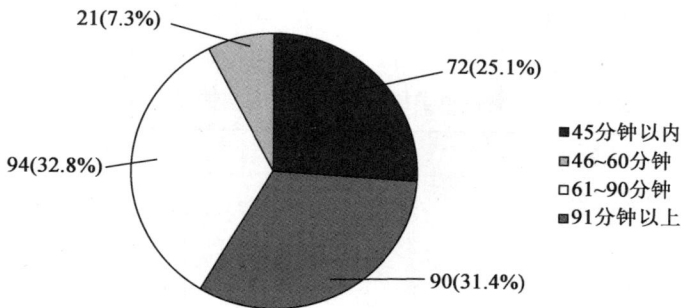

图 4-6　冰雪特色学校冰雪训练时长情况图（N=287）

2. 冰雪竞赛

87.4% 的学校年均参加 1~2 次冰雪竞赛，5.22% 的学校年均参加 3~5 次冰雪竞赛；参加 6 次以上比赛的学校仅有 2 所（0.66%）；还有 19 所学校每年不参加冰雪竞赛，占比 6.22%。

表 4-18　冰雪特色学校冰雪竞赛次数情况表（N=287）

竞赛次数	0 次/年	1~2 次/年	3~5 次/年	6 次以上/年
N	19	251	15	2
百分比	6.62%	87.4%	5.22%	0.66%

由表 4-19 可知，学校根据实际情况和学生兴趣举办了多项校内冰雪竞赛项目，按举办学校多少排序，依次为：有 74.3% 的学校举办了雪地足球比赛；60.3% 的学校举办了冰雪趣味比赛；59.2% 的学校举办了滑冰比

赛；34.8%的学校开展校冬季运动会；19.8%的学校举办了冰雕雪雕比赛；12.2%的学校举办了冰球比赛；11.5%的学校举办了冰雪文化知识竞赛；举办滑雪比赛的学校占比 2.70%；举办其他项目主要包括冰壶、冰爬犁、冰保龄球和冰滑梯等，占 0.60%。

表 4-19　冰雪特色学校冰雪竞赛项目情况表（N=287）

竞赛项目	N	百分比	排名
校冬季运动会	100	34.8%	4
冰雪趣味比赛	173	60.3%	2
滑冰比赛	170	59.2%	3
滑雪比赛	8	2.70%	8
冰球比赛	35	12.2%	6
冰雕雪雕比赛	57	19.8%	5
雪地足球比赛	213	73.1%	1
冰雪文化知识竞赛	33	11.5%	7
其他（冰壶，冰爬犁、冰上保龄球、雪地拔河）	2	0.60%	9

3. 后备人才培养

37.2%的冰雪特色学校已经与其他学校或体育部门建立冰雪人才输送关系或渠道；62.7%的学校还未建立冰雪人才输送渠道。分析原因：一是与国家冰雪后备人才培养模式有关，二是由于高水平冰雪师资（或教练员）匮乏，三是硬件条件不能满足训练和比赛需要。

表 4-20　冰雪特色学校冰雪后备人才输送情况表（N=287）

是否建立冰雪人才输送关系或渠道	是	否	总计
N	107	180	287
百分比	37.2%	62.7%	100%

如图 4-7 所示，94.4%的学校通过校内训练培养冰雪后备人才；还有26.8%的学校在各级业余体校进行训练；16.0%的学校通过社会机构培养。

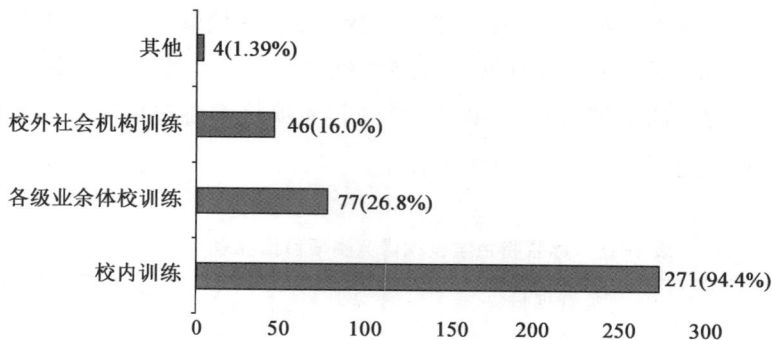

图 4-7　冰雪特色学校冰雪后备人才培养方式情况图（N=287）

4.2　冰雪运动特色学校评价指标体系构建

4.2.1　理论基础与构建原则

1. 可持续发展理论

国外学者莱切尔·卡逊（1962）出版的《寂静的春天》一书提出了人类应与自然和谐，1972 年，非正式国际学术组织发表了题为《增长的极限》的报告，阐述了自然环境的重要性以及人口和资源之间的关系。中国古代孔子、老子、荀子等许多思想家已经提出了"天人合一"的思想，主张人与自然和谐共处。随着中国步入社会主义新时代，国家提出了创新、协调、绿色、开放、共享的新发展理念，其中绿色发展聚焦人与自然和谐问题，注重发展的可持续性。

可持续发展的相关研究围绕在可持续发展的概念内涵和如何实现可持续发展两方面。可持续发展理论的内涵和实质在不同的领域有显著的差别，主要应用于生态环境、社会发展、经济发展和人类发展四个领域。在生态环境领域，更注重于生态平衡和自然资源的合理利用。社会发展领域的核心在于社会的公平发展与经济效率提高之间的平衡。经济发展领域的核心在于努力提高科技创新对经济的贡献率。人类发展领域更多的是探索人与自然的和谐发展。不同领域可持续发展的内涵存在一定的差异，就本质来说是整体上保证投入和产出的平衡。

可持续发展评价往往和决策联系在一起，其评价结果往往反映出决策合理性及发展的科学性，这也是可持续发展评价的重难点。可持续发展是一个动态地修正的过程，因此科学的评价体系，能够在评价中发现问题，促进发展。可持续发展的评价过程通常包括六个方面：定义系统及目标、确立系统结构及其目标、选择指标及其性能标准、测量指标及绘制图形、组合指标、绘制指标图并评价结果①。

2. 构建原则

（1）科学性原则

冰雪运动特色学校发展评价指标体系的建立要遵循科学性原则。科学性原则是指构建的指标体系具有系统性和科学性。冰雪运动特色学校发展评价指标体系是一个复杂的系统，每个子系统都有各自的重点，各子系统的指标条目形成一个整体全面评定受评对象，能准确呈现受评对象各方面的发展状况。

（2）操作性原则

冰雪运动特色学校发展评价指标体系的建立目的，是为了客观准确评价学校冰雪运动的开展情况，找出校园冰雪运动需要改进的方面，同时能够在一定程度上对不同学校的发展状态进行区分。因此各项指标数据要便于收集，易于评定，具备一定的可操作性，方便相关人员解读和评价。

（3）独立性原则

独立性原则要求指标之间包括的范围不重叠，指标中不能出现重复评价的情况。在构建过程中同级指标之间信息不存在包含、重叠的情况，避免在收集数据过程中重复劳动，同时防止二次评分，以保障评价结果的科学性。

4.2.2　专家德尔菲法实施步骤

评价指标体系的构建主要包括三个步骤：第一步是对可持续发展评价相关文献进行收集阅读，尤其是体育学领域可持续发展评价的文献，以及各地冰雪运动特色学校遴选要求等文件资料进行阅读分析，同时结合对访谈资料的文本分析，合理选择出现次数较高的指标，并拟定出一、二、三级指标；第二步，确定专家咨询问卷发放的对象，进行第一轮专家咨询问卷的发放与回收；第三步，根据专家意见对指标体系进行调整和修改后，发放第2、3

① 叶正波. 可持续发展评估理论及实践［M］. 北京：中国环境科学出版社，2002：66-69.

轮专家咨询问卷，直至专家意见统一，确定最终评价指标体系。

（1）第 1 轮评价指标拟定

通过对文献和各地政策的阅读整理，拟定出第 1 轮评价指标体系，包含 4 个一级指标，11 个二级指标和 32 个三级指标。

（2）咨询专家的确定

学者研究显示，咨询专家人数通常控制在 10~30 人[①]，另有学者指出，专家人数接近 15 人时，继续增加专家人数对预测精度的影响很小[②]，因此，本书确定了 15 名咨询专家，专家的基本信息见表 4-21。

表 4-21 咨询专家基本情况一览表

基本项目	人数		百分比
年龄	40 岁以下	1	6.67
	41~50 岁	3	20.00
	51~60 岁	11	73.33
职称	副高	11	73.33
	正高	4	26.67
工作性质	体育教学	7	46.67
	管理岗	4	26.67
	体育教研	4	26.67
工作年限	20 年及以下	1	6.67
	21~30 年	5	33.33
	30 年以上	9	60.00

（3）第 1 轮专家咨询问卷发放与回收

2022 年 12 月，通过问卷网平台向 25 位专家发放第 1 轮专家咨询表

---

① XIAO J, DOUGLAS D, LEE A H, et al. A Delphi evaluation of the factors influencing length of stay in Australian hospitals. ［J］. International journal of health planning & management, 1997, 12（3）:207-218.

② LEE J H, CHOI Y J, VOLK R J, et al. Defining the Concept of Primary Care in South Korea Using a Delphi Method : Secondary Publication［J］. Health policy and management（HPM）, 2014, 10（2）: 15-17.

（附录A），并附指标的相关解释和研究目的等背景材料，有效问卷15份。评价指标的重要程度分为"很重要"至"很不重要"5个等级，分别赋值5分、4分、3分、2分、1分。计算每个指标得分均值、标准差和变异系数，结合专家提出的意见，对指标进行增删，形成第2专家咨询问卷。

（4）第2轮专家咨询问卷的发放与回收

在第2轮专家咨询问卷发放时，将第1轮各指标得分和修改情况反馈给专家，请专家对各指标进行重新评价。第2轮回收有效问卷14份，专家意见趋于一致，问卷发放结束，计算第2轮指标得分平均值、标准差和变异系数。

（5）各级评价指标的确定

计算肯德尔和谐系数对专家评分结果进行一致性检验，见表4-22，第1轮专家指标肯德尔和谐系数显著性大于0.05，第2轮专家肯德尔和谐系数显著性（$p < 0.01$）差异非常显著，结果显示：①指标变异系数小于0.25；②专家评价结果取得一致性检验；③指标的平均得分大于等于3.5（总分的70%以上，得分越高，说明指标越重要）。专家评分的一致性较好，专家咨询可信度较高，结果可用。

表4-22　两轮专家咨询表肯德尔和谐系数一览表

指标	第1轮			第2轮		
	肯德尔系数	卡方	显著性	肯德尔系数	卡方	显著性
教学与课外活动	0.222	33.276	0.000	0.175	26.997	0.005
训练与竞赛	0.117	17.497	0.064	0.192	26.939	0.003
条件保障	0.241	57.742	0.000	0.166	37.100	0.002
组织领导	0.071	7.475	0.381	0.229	22.470	0.002

4.2.3　冰雪运动特色学校评价指标的确立

1. 第一轮专家德尔菲法问卷统计结果及修改情况

（1）专家积极系数

专家积极系数是指专家咨询问卷的回收率，表明专家的重视程度。采用德尔菲法问卷回收率达到 60% 较好，回收率超过 70% 以上非常好[①②]。第 1 轮专家咨询问卷共计发放问卷 25 份，收回有效问卷 15 份，有效回收率为 60%，说明专家积极系数较高。

（2）专家权威程度

专家权威程度是用来衡量专家小组对指标的选择是否得当，主要由判断系数（Ca）和熟悉系数（Cs）两方面决定。专家判断依据一般分为理论分析、实践经验、国内外同行的了解和直觉四种，其影响程度量化表见表 3.4。专家对问题熟悉程度一般分为很熟悉、熟悉、较熟悉、一般、较不熟悉和很不熟悉 6 个等级，其熟悉程度系数表见表 3.5[③]。权威系数（Cr）表示专家的权威程度，其计算公式为：Cr =（Ca+Cs）/2，数值在 0~0.95 之间，权威系数（Cr）≧0.70 为可接受[④⑤]。本次咨询专家的权威系数计算结果如表 3.6 所示，4 个一级指标的专家权威系数均值都在 0.8 以上，说明本研究的专家权威程度较高[⑥]。

表 4-23　判断依据及其影响程度量化表

判断依据	对专家判断的影响程度		
	大	中	小
理论分析	0.3	0.2	0.1
实践经验	0.5	0.4	0.3

---

① 王冬，邢晓辉，陈清. Delphi 法在筛选大学生健康生活方式评价条目中的应用研究［J］. 中国全科医学，2010，13（22）.

② 肖璨，程玉兰，马昱，等. Delphi 法在筛选中国公众健康素养评价指标中的应用研究［J］. 中国健康教育，2008（02）:81-84.

③ 黄海燕. 体育赛事综合影响的事前评估研究［D］. 上海：上海体育学院，2009.

④ 高云，李亚洁，廖晓艳，等. Delphi 法在筛选一级护理质量评价指标中的应用［J］. 护士进修杂志，2009，24（04）:305-307.

⑤ 李连红，王笑笑，林君芬. Delphi 法在全人全程传染病电子健康档案设计中的应用［J］. 浙江预防医学，2011，23（03）:19-21+28.

⑥ 卫萍，任建萍，张琪峰，等. 德尔菲法在医学科技计划绩效评价指标体系构建中的应用［J］. 卫生经济研究，2013，（4）: 52-54.

表 4-23（续）

判断依据	对专家判断的影响程度		
	大	中	小
国内外同行的了解	0.1	0.1	0.1
直觉	0.1	0.1	0.1

表 4-24 专家对问题的熟悉程度系数表

熟悉程度	Cs
很熟悉	0.9
熟悉	0.7
较熟悉	0.5
一般	0.3
较不熟悉	0.1
很不熟悉	0.0

表 4-25 专家权威系数计算结果一览表

指标	熟悉程度（C_A）	判断依据（C_S）	权威系数（C_R）
A 教学与课外活动	0.94	0.86	0.90
B 训练与竞赛	0.95	0.80	0.88
C 条件保障	0.94	0.86	0.90
D 组织领导	0.95	0.81	0.88

（3）第一轮专家咨询建议汇总与评价指标修改

第一轮回收的 15 份有效问卷中，专家认为一级指标划分的"恰当"占比 92.3%，认为"基本恰当"的占比 7.7%，其中 6 位专家提出了具体的修改意见，具体如下。

专家（YL12）提出，在二级指标"A1 教学成果"中，教学成果认定相对较难，省教育厅每两年认定一次，且名额受限，建议将"教学成果"改为"教学效果"；另有专家（YL08）认为，"A11 教研成果数量"改成"开齐开足体育课"。综合专家建议，在一级指标"A 教学与课外活动"下增加二级指标"A3 课堂教学",并增加三级指标"A31 冬季每周开设冰雪体育课时数"和"A32 体育课开设的冰雪项目数量"。删除三级指标"A11教研成果数量"。

专家（YL05）提出，参与校外竞赛的次数与区域举办的比赛次数有关，区域联赛应多举行，否则偏远地区的学生没有参加校外比赛的机会，本文综合考虑将三级指标"B23 参加校外竞赛人次"改为"B23 参加校外竞赛次数"。

专家（YL08）提出，在二级指标 C2 场地器材下应该增加雪场面积，通过前期对特色学校场地资源的调查了解，仅有个别学校有滑雪场地，大部分学校的雪场仅能用于开展雪地足球，因此，不增加"雪场面积"这一指标。

专家（YL08）提出，将"D2 激励机制"改为奖励机制，对奖励和激励二词语辨析，此处使用激励更为合适，因此不做变动。另有专家（YL04）提出，做出突出贡献较难判定，建议删除指标中的"突出"二字。因此，本文将"D21 对突出贡献的教师有奖励政策""D22 对突出贡献的学生激励政策"改为"D21 对有贡献的教师有奖励政策""D22 对有贡献的学生激励政策"。

专家（YL14）提出，在"B3 课余训练"下增加"训练时长"，学校之间课余训练内容不一样，时间上会有很大的差别，因此，本处不增加"训练时长"指标。

根据第一轮专家咨询的统计结果（表 4-27），综合考虑专家关于指标重要性的评分结果、目前中国冰雪特色学校发展的现状以及所选指标与冰雪特色学校可持续发展的密切程度，对拟定的冰雪特色学校可持续发展评价指标进行了修改，形成了第 2 轮专家咨询问卷（附录 B），具体修改情况如下。

①删除指标

删除"A11 教研成果数量"。

②修改指标

二级指标：将"D1 组织保障"改为"D1 组织机制"。

三级指标：将"B23 参加校外竞赛人次"改为"B23 参加校外竞赛次数"。

将"D21 对突出贡献的教师有奖励政策"改为"D21 对有贡献的教师有奖励政策"。

将"D22 对突出贡献的学生激励政策"改为"D22 对有贡献的学生激励政策"。

③新增指标

二级指标：A3 课堂教学。

三级指标：A31 冬季每周开设冰雪体育课课时数、A32 体育课开设的冰雪项目数量。

根据德尔菲法专家问卷的操作流程给 15 名专家发放调查问卷，第一轮问卷发放 15 份，回收 15 份，问卷回收率达到 100%，说明在第一轮问卷过程中专家积极性较好。将这些调查所获得的数据录入 SPSS 23.0 软件中，通过描述性统计结果，求得调研数据的平均值和标准差。

表 4-27　第一轮专家咨询意见情况统计表（N=15）

指标	平均数	标准差	变异系数
A 教学与课外活动	5.00	0.00	0.00
B 训练与竞赛	4.93	0.26	0.05
C 条件保障	4.93	0.26	0.05
D 组织领导	4.87	0.35	0.07
A1 教学成果	4.87	0.35	0.07
A2 课外活动	4.87	0.35	0.07
B1 校内竞赛	4.93	0.26	0.05
B2 校外竞赛	4.87	0.35	0.07
B3 课余训练	4.93	0.26	0.05
C1 安全保障	4.93	0.26	0.05
C2 场地器材	4.93	0.26	0.05
C3 人员保障	4.93	0.26	0.05
C4 资金保障	4.93	0.26	0.05
D1 保障机制	4.93	0.26	0.05
D2 激励机制	4.80	0.41	0.09
A11 教研成果数量	4.27	0.88	0.21

表 4-27（续 1）

指标	平均数	标准差	变异系数
A12 学生体质健康标准合格率	4.67	0.62	0.13
A13 学生掌握冰雪运动技能情况 *	4.80	0.56	0.12
A14 冬季项目校本课程数量	4.40	0.91	0.21
A21 课外活动的保障水平	4.73	0.59	0.13
A22 课外活动进行冬季项目学生参与比例	4.80	0.56	0.12
A23 每年举办冰雪竞赛与文化活动次数	4.80	0.56	0.12
A24 冬季项目社团数量	4.53	0.64	0.14
B11 校内竞赛项目数量	4.80	0.56	0.12
B12 参加校内竞赛的学生参与比例	4.80	0.56	0.12
B21 校外竞赛参加的项目	4.93	0.26	0.05
B22 冬季项目后备人才数量	4.67	0.49	0.10
B23 参加校外竞赛人次	4.67	0.49	0.10
B31 冬季项目训练队人数	4.67	0.49	0.10
B32 每周训练频次	4.67	0.62	0.13
C11 安全标识牌完备	4.67	0.62	0.13
C12 学生运动意外险投保率	4.93	0.26	0.05
C13 安全责任落实到个人	4.93	0.26	0.05
C14 体育课护具佩戴率	4.73	0.46	0.10
C21 学生冰雪体育课器材能否满足需求	4.93	0.26	0.05
C22 学校可使用冰场面积	4.87	0.35	0.07
C31 教师课外指导计入工作量	4.80	0.41	0.09
C32 每年教师培训人次	4.73	0.46	0.10
C33 冬季项目专项教师人数	4.80	0.56	0.12
C41 学校体育经费量	4.93	0.26	0.05
C42 冬季项目专项经费量	4.93	0.26	0.05
C43 社会赞助经费量	4.33	0.62	0.14
D11 部门间的协同程度	4.87	0.35	0.07
D12 管理机构设置的完备程度	4.80	0.41	0.09
D13 规章制度的完善和执行力	4.93	0.26	0.05

表 4-27（续 2）

指标	平均数	标准差	变异系数
D21 对突出贡献的教师有奖励政策	4.87	0.35	0.07
D22 对突出贡献的学生激励政策	4.93	0.26	0.05

（4）第二轮专家德尔菲法问卷统计结果及修改

第 2 轮专家咨询共计发放问卷 15 份，收回问卷 14 份，有效问卷 14 份。专家对第 2 轮评价指标的重要程度进行了评价，对指标的顺序提出了调整建议，全部评价指标得到了专家的认可，第 2 轮评价指标平均值、标准差和变异系数统计结果见表 4-28。

表 4-28　第 2 轮专家咨询结果统计表

指标	平均数	标准差	变异系数
A 教学与课外活动	5.00	0.00	0.00
B 训练与竞赛	4.79	0.43	0.09
C 条件保障	5.00	0.00	0.00
D 组织领导	4.93	0.27	0.05
A1 课堂教学	4.93	0.27	0.05
A2 课外活动	4.71	0.47	0.10
A3 教学成效	4.64	0.50	0.11
B1 校内竞赛	4.64	0.63	0.14
B2 校外竞赛	4.64	0.63	0.14
B3 课余训练	4.71	0.61	0.13
C1 安全保障	4.93	0.27	0.05
C2 场地器材	5.00	0.00	0.00
C3 人员保障	4.79	0.43	0.09
C4 资金保障	4.93	0.27	0.05
D1 组织机制	4.79	0.43	0.09
D2 激励机制	4.79	0.43	0.09
A11 冬季每周开设冰雪体育课课时数	4.86	0.36	0.07
A12 体育课开设的冰雪项目数量	4.71	0.61	0.13

表 4-28（续 1）

指标	平均数	标准差	变异系数
A21 课外活动的保障水平	4.64	0.50	0.11
A22 冰雪课外活动学生参与比例	4.93	0.27	0.05
A23 每年举办冰雪竞赛与文化活动次数	4.57	0.51	0.11
A24 冰雪项目学生体育社团数量	4.29	0.73	0.17
A31 学生体质健康标准合格率	4.43	0.85	0.19
A32 学生掌握冰雪运动技能情况	4.79	0.43	0.09
A33 冰雪项目校本课程数量	4.36	0.93	0.21
B11 校内竞赛项目及数量	4.57	0.65	0.14
B12 学生参加校内竞赛的比例	4.64	0.63	0.14
B21 学生校外竞赛参加的项目	4.57	0.65	0.14
B22 参加校外竞赛次数	4.43	0.94	0.21
B23 冰雪项目后备人才项目及数量	4.79	0.43	0.09
B31 冰雪项目训练队人数	4.57	0.65	0.14
B32 冰雪项目训练队每周训练频次	4.71	0.47	0.10
C11 安全标识牌完备	4.64	0.63	0.14
C12 体育课护具佩戴率	4.79	0.58	0.12
C13 学生运动意外险投保率	4.93	0.27	0.05
C14 安全责任落实到个人	4.86	0.36	0.07
C21 学生冰雪体育课器材满足需求	4.79	0.43	0.09
C22 学校可使用冰场面积	4.79	0.43	0.09
C31 教师课外指导计入工作量	4.50	0.76	0.17
C32 每年教师培训人次	4.71	0.47	0.10
C33 冰雪专项教师人数	4.57	0.65	0.14
C41 学校体育经费量	4.86	0.36	0.07
C42 冰雪项目专项经费量	4.93	0.27	0.05
C43 社会赞助经费量	4.29	0.83	0.19
D11 部门间的协同程度	4.79	0.43	0.09
D12 管理机构设置的完备程度	4.79	0.43	0.09
D13 规章制度的完善和执行力	4.86	0.36	0.07

表 4-28（续 2）

指标	平均数	标准差	变异系数
D21 教师的奖励政策	4.79	0.58	0.12
D22 学生的激励政策	4.79	0.58	0.12

4.2.4　冰雪运动特色学校评价指标确定及释义

根据两轮专家德尔菲法咨询，最终确定了一级指标 4 个、二级指标 12 个和三级指标 33 个，构建了冰雪运动特色学校可持续发展评价指标体系，见表 4-29。

表 4-29　冰雪运动特色学校可持续发展评价指标体系

一级指标	二级指标	三级指标
A 教学与课外活动	A1 课堂教学	A11 冬季每周开设冰雪体育课课时
		A12 体育课开设的冰雪项目数量
	A2 课外活动	A21 课外活动的保障水平
		A22 冰雪课外活动学生参与比例
		A23 每年举办冰雪竞赛与文化活动次数
		A24 冰雪项目学生体育社团数量
	A3 教学成效	A31 学生体质健康标准合格率
		A32 学生掌握冰雪运动技能情况
		A33 冰雪项目校本课程数量
B 训练与竞赛	B1 校内竞赛	B11 校内竞赛项目及数量
		B12 学生参加校内竞赛的比例
	B2 校外竞赛	B21 学生校外竞赛参加的项目
		B22 参加校外竞赛次数
		B23 冰雪项目后备人才项目及数量
	B3 课余训练	B31 冰雪项目训练队人数
		B32 冰雪项目训练队每周训练频次

表 4-29 （续）

一级指标	二级指标	三级指标
C 条件保障	C1 安全保障	C11 安全标识牌完备
		C12 体育课护具佩戴率
		C13 学生运动意外险投保率
		C14 安全责任落实到个人
	C2 场地器材	C21 学生冰雪体育课器材满足需求
		C22 学校可使用冰场面积
	C3 人员保障	C31 教师课外指导计入工作量
		C32 每年教师培训人次
		C33 冰雪专项教师人数
	C4 资金保障	C41 学校体育经费量
		C42 冰雪项目专项经费量
		C43 社会赞助经费量
D 组织领导	D1 组织机制	D11 部门间的协同程度
		D12 管理机构设置的完备程度
		D13 规章制度的完善和执行力
	D2 激励机制	D21 教师的奖励政策
		D22 学生的激励政策

各级指标的解释说明如下。

（1）一级指标释义

A 教学与课外活动：主要包括冰雪体育教学成效和课外活动开展情况两个方面。

B 训练与竞赛：是指校园冰雪运动开展过程中训练队的训练项目和参训人数以及校内外参与竞赛的次数。

C 条件保障：是指校园冰雪运动开展过程中安全、场地器材、人员及资金保障的总和。

D 组织领导：是指为开展冰雪运动所设立的管理机构、部门之间的协调程度及规章制度完备性。

（2）二级指标释义

A1 课堂教学：课堂教学是校园冰雪运动的主战场，主要包括冰雪体育课开课项目数量和开课频率。

A2 课外活动：课外活动是体育课的延伸，主要包括课外活动的保障水平、课外活动举办次数，学生社团数量。

A3 教学成效：是指冰雪运动开展效果，包括学生的体质健康状况、技能掌握情况和校本课程数量。

B1 校内竞赛：校内竞赛主要包括学校每年举办比赛的次数和学生的参与度两个方面。

B2 校外竞赛：是指学校参与的校级以上的比赛，主要包括学校参与的次数和参赛项目及人次。

B3 课余训练：课余训练是取得成绩的保障，主要包括校代表队训练频次和参与人数。

C1 安全保障：安全是开展校园冰雪运动的重要前提，主要包括安全指示标志设立的全面性、学生上课护具佩戴比例、运动意外险的上保险率和安全责任的压实度。

C2 场地器材：场地器材是开展冰雪运动的前提条件，包括场地的面积大小和上课使用器材数量。

C3 人员保障：人员保障是开展校园冰雪运动的重要前提，主要包括教师工作量的认定、冰雪专项教师数量及教师培训三个方面。

C4 资金保障：资金是开展冰雪运动必不可少的，主要包括学校经费来源和经费投入的数量。

D1 组织机制：主要包括各管理部门的设定和协调工作的能力。

D2 激励机制：指为促进校园冰雪运动的发展，针对教师和学生出台的激励政策的完备程度。

（3）三级指标释义

A11 冬季每周开设冰雪体育课课时数：学校在冬天每周的体育课的频率。

A12 体育课开设的冰雪项目数量：学校冰雪体育课上开展的项目种类。

A21 课外活动的保障水平：学生每天一小时课外活动的开展情况。

A22 冰雪课外活动学生参与比例：参与冰雪课外活动学生占整体学生

的比例。

A23 每年举办冰雪竞赛与文化活动次数：每学年学校举办冰雪主题的竞赛及文化活动次数，包括绘画、演讲、作文和板报等各种形式的活动。

A24 冰雪项目学生体育社团数量：学校为促进冰雪运动的发展，在校内组织的冰雪运动社团，包括滑冰社团、滑雪社团和拉爬犁等社团。

A31 学生体质健康标准合格率：是指按照国家中小学生体质健康标准，合格人数占总体学生的比例。

A32 学生掌握冰雪运动技能情况：是指学生经过课堂学习与课下练习，冰雪运动技能的掌握数量与程度。

A33 冰雪项目校本课程数量：是指学校根据学校的自身条件开发的校本课程总数。

B11 校内竞赛项目及数量：是指学校举办校内的冰雪运动竞赛时设立的比赛项目类别与个数。

B12 学生参加校内竞赛的比例：是指参加学校竞赛学生数量占学校学生数量的比例。

B21 学生校外竞赛参加的项目：是指学生参加校外比赛时参与的冰雪项目类别。

B22 参加校外竞赛次数：是指学校每年参加校外冰雪运动的次数。

B23 冰雪项目后备人才项目及数量：是指学校后备人才的具体项目和学生数量。

B31 冰雪项目训练队人数：是指学校组建的冰雪项目训练队队员人数。

B32 冰雪项目训练队每周训练频次：是指学校每周组织训练队集体训练的次数。

C11 安全标识牌完备：是指学校在冰雪运动开展场所张贴和设立的安全警示标识的完备程度。

C12 体育课护具佩戴率：是指在冰雪运动课堂上佩戴护具的学生数量占本节课学生总数的比例。

C13 学生运动意外险投保率：是指学校学生购买运动意外保险的人数与全体学生的比值。

C14 安全责任落实到个人：是指学校在冰雪运动开展的过程中，安全责任的划分的细致程度。

C21 学生冰雪体育课器材满足需求：是指学生体育课堂上所需的体育器材能否完全满足需要。

C22 学校可使用冰场面积：是指学校能够组织教学或训练的冰场面积的总和，包括学校自浇冰场、校外公共冰场、学校之间的共享冰场和社会俱乐部的合作的冰场面积。

C31 教师课外辅导计入工作量：是指教师额外的工作，按照标准计入的教师的工作总量，并下发一定的工资。

C32 每年教师培训人次：是指全校冰雪体育教师每年参与冰雪运动教学及技能培训的人次。

C33 冰雪专项教师人数：是指学校能够进行冰雪运动组织教学的体育教师人数。

C41 学校体育经费：是指学校用于体育工作的各类经费。

C42 冰雪项目专项经费：是指学校用于冰雪运动的开展每年的经费数量。

C43 社会赞助经费量：是指为助力校园冰雪运动开展社会组织捐赠和赞助给学校经费总量。

D11 部门间的协同程度：是指学校冰雪运动的领导小组设立的各部之间协作配合的程度。

D12 管理机构设置的完备程度：是指学校管理校园冰雪运动开展部门的完整程度。

D13 规章制度的完善和执行力：是指校园冰雪运动相关的规章制度的设置完备程度与执行的力度。

D21 教师的奖励政策：是指为了激励教师开展冰雪运动所设立的规章制度包括奖金和荣誉证书。

D22 学生的激励政策：是指为了鼓励学生参与冰雪运动所设立的激励政策，包括奖金和荣誉证书。

4.2.5　冰雪运动特色学校评价指标权重的确定

在评价指标体系建立的过程中，权重的赋值方法主要分为两类，一类是主观赋权法，主要由评判者寻找相关领域专家，专家根据自身经验来判断每一个指标的重要程度，然后经过计算确定权重，常用的方法有层次分析法、德尔菲法和模糊评价法等；另一类为客观赋权法，依据原始数据来确定指标之间的关系，从而确定各个指标的权重，常用的方法有主成分分析法、因子分析法和熵权法等。

上述两类方法各有优缺点。主观赋权法优点在于专家可以根据现实情况对各个指标进行权重的确定，适用于不能直接量化的模糊性指标，缺点在于主观性较强，不同的专家得出的权重系数不同。客观赋权法是依据实际的统计数据进行确权，客观性较强，但计算方法复杂。

本文结合研究实际，采用德尔菲法对冰雪运动特色学校可持续发展评价指标进行赋权，具体计算方法如下：

根据第二轮专家对评价指标重要性的赋分，在处理数据时，用算术平均值代表专家的集中意见，其计算公式为 $a_j = \sum\limits_{i=1}^{n} (a_{ji}/n)$，$j = 1, 2, 3, \cdots, m$。

a_j 为第 j 个评价指标的权重平均值；n 为专家人数；m 为评价指标的总个数；a_{ji} 为第 i 位专家对第 j 个指标权重的打分值。

然后将 a_j 进行归一化处理，公式为 $a_{j'} = \dfrac{a_j}{\sum\limits_{j=1}^{m} a_j}$，最终得出冰雪运动特色学校可持续发展评价指标的权重，计算结果见表4-30。

表4-30 冰雪运动特色学校可持续发展评价指标权重表

一级指标	权重	二级指标	权重	三级指标	权重
A	0.253 5	A1	0.345 2	A11	0.507 8
				A12	0.492 2
		A2	0.329 8	A21	0.251 8
				A22	0.267 5
				A23	0.248 0
				A24	0.232 8
		A3	0.324 9	A31	0.326 2
				A32	0.352 7
				A33	0.321 1

表 4-30（续）

一级指标	权重	二级指标	权重	三级指标	权重
B	0.242 9	B1	0.331 7	B11	0.496 2
				B12	0.503 8
		B2	0.331 7	B21	0.331 4
				B22	0.321 2
				B23	0.347 4
		B3	0.336 7	B31	0.492 5
				B32	0.507 5
C	0.253 5	C1	0.251 1	C11	0.241 4
				C12	0.249 2
				C13	0.256 5
				C14	0.252 9
		C2	0.254 7	C21	0.500 0
				C22	0.500 0
		C3	0.244 0	C31	0.326 6
				C32	0.341 8
				C33	0.331 6
		C4	0.251 1	C41	0.345 2
				C42	0.350 1
				C43	0.304 7
D	0.250 0	D1	0.500 0	D11	0.331 7
				D12	0.331 7
				D13	0.336 6
		D2	0.500 0	D21	0.500 0
				D22	0.500 0

4.2.6 冰雪运动特色学校可持续发展模糊综合评价

1. 改进模糊综合评价法

在冰雪运动特色学校可持续发展能力评价过程中，冰雪场地的大小、教师教学水平的高低、责任落实程度等等均难以准确评定，具有不确定性，即模糊性。模糊性是一种内在的不确定性。在涉及多种因素的问题时，往往采取在不影响对问题本质认识的前提下忽略部分因素，这就需要模糊评价。

模糊综合评价可进行多层次评判，评判的结果是一个模糊向量，不是具体的点值，通过对向量处理，就可以得到评价对象的最终等级。对于层次多的评价对象，其评价效果会更好，这是由于模糊综合评价能最大限度地评价对象的发展程度。结合冰雪运动特色可持续发展评价指标体系实际使用过程的可操作性及区分程度，结合其他领域研究①，在确定评判集的过程中对不同的评价等级设置了对应的等级分数（图4-8）。

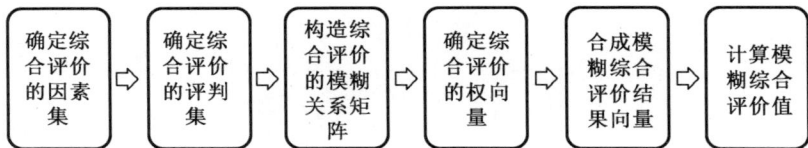

确定综合评价的因素集 ⇒ 确定综合评价的评判集 ⇒ 构造综合评价的模糊关系矩阵 ⇒ 确定综合评价的权向量 ⇒ 合成模糊综合评价结果向量 ⇒ 计算模糊综合评价值

图4-8 模糊综合评价

2. 评估模型和步骤

（1）确定因素集

通过专家德尔菲法确定的评价指标，全面反映了影响冰雪运动特色学校可持续发展的因素。根据评价需要，对评价指标进行合理的筛选，形成综合评判的因素集。因素集用公式表示为：$U = \{u_1, u_2, u_3, \cdots, u_m\}$，其中 u_i（$i = 1, 2, 3, \cdots, m$）是评价对象第 m 个评价指标。

（2）确定评判集

评价等级集合用 $V = \{v_1, v_2, v_3, \cdots, v_n\}$ L 来表示，V_j（$j = 1, 2, 3, \cdots, n$）是冰雪运动特色学校可持续发展能力的评价等级。通常情况下，评价等级 n 的个数取 [3, 7] 中的整数，如果 n 过大，不容易判断等级归属；若 n 过小，则不符合模糊评价的要求。因此，本书将冰雪运动特

---

① 黄蓉蓉，潘晓琳. 改进模糊综合评价法的物流企业绩效评价 [J]. 重庆师范大学学报（自然科学版），2012，29（4）：124-126.

色学校可持续发展能力分为 5 个等级，即 $V =$ {很好，好，一般，差，很差} $=$ {90，80，70，60，50}。

（3）构造模糊关系矩阵

第一步是单因素评判，对冰雪运动特色学校可持续发展的各因素 u_i（$i=1$，2，3，…，m）进行量化，从单因素 u_i 来看对评价等级 V_j（$j=1$，2，3，…，n）的隶属度 r_{ij}，r_{ij} 表示第 i 个因素 u_i 在第 j 个评语 V_j 上的频率分布，从而得出单因素 u_i 的评判集 $r_i = （r_{i1}，r_{i2}，r_{i3}，…，r_{in}）$。第二步是对 m 个因素做评判，所得的评判集就可构成一个总评价矩阵 $\boldsymbol{R}$：

$$\boldsymbol{R} = r_{ij_{m*n}} = \begin{bmatrix} r_{11} & r_{12} & \cdots & r_{1n} \\ r_{21} & r_{22} & \cdots & r_{2n} \\ \vdots & \vdots & \cdots & \vdots \\ r_{m1} & r_{m2} & \cdots & r_{mn} \end{bmatrix}$$

（$i=1$，2，3，…m；$j=1$，2，3，…，n）

（4）确定权向量

一般 m 个评价因素对评价对象的重要程度存在差异，这里引入 U 上的一个模糊子集 A，称为权向量，用 $A = （a_1，a_2，a_3，…，a_m）$ 来表示，其中 $a_i \gg 0$，且 $\sum a_i = 1$，它反映的是对各个因素的权衡。

（5）合成模糊综合评价结果向量

模糊关系矩阵 $\boldsymbol{R}$ 中的每一行分别是影响冰雪运动特色学校可持续发展的各因素对各等级模糊子集的隶属度，用权向量 $\boldsymbol{A}$ 将不同的行进行综合，就可以得到冰雪运动特色学校可持续发展模糊综合评价结果向量 $\boldsymbol{B}$，即 $\boldsymbol{B} = \boldsymbol{A} \cdot \boldsymbol{R}$

$$\boldsymbol{B} = \boldsymbol{A} \cdot \boldsymbol{R}$$

$$= （a_1，a_2，a_3，…，a_m）\circ \begin{bmatrix} r_{11} & r_{12} & \cdots & r_{1n} \\ r_{21} & r_{22} & \cdots & r_{2n} \\ \vdots & \vdots & \cdots & \vdots \\ r_{m1} & r_{m2} & \cdots & r_{mn} \end{bmatrix}$$

$$= （b_1，b_2，b_3，…，b_n）$$

$\sum\limits_{j=1}^{n} b_j \neq 1$ 需要做归一化处理，具体如下：

令 $b = b_1 + b_2 + b_3 + \cdots b_n = \sum_{j=1}^{n} b_j$，归一化：$B' =$

$\left(\dfrac{b_1}{b}, \dfrac{b_2}{b}, \dfrac{b_3}{b}, \cdots, \dfrac{b_n}{b} \right) = (b_1', b_2', b_3', \cdots, b_n')$，$B'$ 即为因素集 U 对于评

判集 V 的评价结果向量。

（6）计算综合评价值

根据所得到的评价结果向量 $(b_1', b_2', b_3', \cdots, b_n')$，按照最大隶属度原则，即若 $b_r = \max\limits_{1 \leqslant k \leqslant n} \{b_k\}$，则评价对象总体上来讲隶属于第 r 等级。这一等级就是冰雪运动特色学校可持续发展评价的最终结果。本书为了模型在实际使用中方便为冰雪运动特色学校打分，使用的是改进模糊综合评价法，$S = V \circ B' = (b_1'v_1 + b_2'v_2 + b_3'v_3 + \cdots + b_n'v_n)$，$S$ 分值在 90~100 为很好；80~90 为好；70~80 为一般；60~70 为差；50~60 为很差。

4.3　冰雪运动特色学校可持续发展评价实证分析

采用改进模糊综合评价模型对黑龙江省冰雪运动特色学校可持续发展能力进行综合评价。

4.3.1　评价指标数据的获取

本文实证研究部分向黑龙江省各地市冰雪运动特色学校主管人员发放问卷（附录 C），回收有效问卷 49 份，对构建的冰雪运动特色学校可持续发展评价指标体系中的三级指标进行模糊综合评价。根据冰雪运动特色学校可持续发展评价指标体系，综合评价的因素集可以分为三个层次，第一层因素集 $U = \{A, B, C, D\}$；第二层因素集 $A = \{A_1, A_2, A_3\}$，$B = \{B_1, B_2, B_3\}$，$C = \{C_1, C_2, C_3, C_4\}$，$D = \{D_1, D_2\}$；第三层次因素集 $A_1 = \{A_{11}, A_{12}\}$，$A_2 = \{A_{21}, A_{22}, A_{23}, A_{24}\}$，$A_3 = \{A_{31}, A_{32}, A_{33}\}$，$B_1 = \{B_{11}, B_{12}\}$，$B_2 = \{B_{21}, B_{22}, B_{23}\}$，$B_3 = \{B_{31}, B_{32}\}$，$C_1 = \{C_{11}, C_{12}, C_{13}, C_{14}\}$，$C_2 = \{C_{21}, C_{22}\}$，$C_3 = \{C_{31}, C_{32}, C_{33}\}$，$C_4 = \{C_{41}, C_{42}, C_{43}\}$，$D_1 = \{D_{11}, D_{12}, D_{13}\}$，$D_2 = \{D_{21}, D_{22}\}$

4.3.2　确定冰雪运动特色学校可持续发展综合评价的评判集

本文将可持续发展能力分为 5 个评价等级。冰雪运动特色学校可持续

发展评价指标体系单因素评价的调查结果如表4-31，权重采用上述德尔菲法确定的权重。

表4-31　冰雪运动特色学校可持续发展单因素调查结果统计表（N=49）

三级指标	各档评分人数				
	很好	好	一般	差	很差
A11 冬季每周开设冰雪体育课课时数	25	15	8	1	0
A12 体育课开设的冰雪项目数量	21	18	7	3	0
A21 课外活动的保障水平	26	14	5	4	0
A22 冰雪课外活动学生参与比例	24	14	10	1	0
A23 每年举办冰雪竞赛与文化活动次数	21	13	13	2	0
A24 冰雪项目学生体育社团数量	20	16	10	1	2
A31 学生体质健康标准合格率	20	15	12	2	0
A32 学生掌握冰雪运动技能情况	13	20	14	2	0
A33 冰雪项目校本课程数量	17	15	14	3	0
B11 校内竞赛项目及数量	19	12	16	2	0
B12 学生参加校内竞赛的比例	20	15	14	0	0
B21 学生校外竞赛参加的项目	20	15	9	5	0
B22 参加校外竞赛次数	17	15	12	5	0
B23 冰雪项目后备人才项目及数量	18	11	15	4	1
B31 冰雪项目训练队人数	18	14	15	2	0
B32 冰雪项目训练队每周训练频次	21	14	13	1	0
C11 安全标识牌完备	16	16	15	2	0
C12 体育课护具佩戴率	13	18	15	2	1
C13 学生运动意外险投保率	28	14	4	2	1
C14 安全责任落实到个人	24	19	5	1	0
C21 学生冰雪体育课器材满足需求	19	12	15	3	0
C22 学校可使用冰场面积	16	14	15	2	2
C31 教师课外指导计入工作量	15	14	13	4	3
C32 每年教师培训人次	13	13	19	1	3
C33 冰雪专项教师人数	9	13	19	4	4

表 4-31（续）

三级指标	各档评分人数				
	很好	好	一般	差	很差
C41 学校体育经费量	13	14	16	4	2
C42 冰雪项目专项经费量	11	10	18	8	2
C43 社会赞助经费量	6	4	12	12	15
D11 部门间的协同程度	15	17	12	4	1
D12 管理机构设置的完备程度	12	19	17	1	0
D13 规章制度的完善和执行力	15	24	8	2	0
D21 教师的奖励政策	8	14	16	8	3
D22 学生的激励政策	10	16	15	6	2

1. 一级评价

冰雪运动特色学校可持续发展共分为四个一级指标，每个一级指标下面包含若干个二级指标，需要分别进行评价。现以 A1 教学与课外活动为例，进行一级评价。

（1）确定单因素评价矩阵

根据问卷结果，用每项指标各档评分人数除以总人数（49）作为隶属度，得到二级指标的单因素评价矩阵，用 R_{ij}^1 表示，则有：

$$R_{11}^1 = \begin{bmatrix} 0.510\ 2 & 0.306\ 1 & 0.163\ 3 & 0.020\ 4 & 0 \\ 0.428\ 6 & 0.367\ 3 & 0.142\ 9 & 0.061\ 2 & 0 \end{bmatrix}$$

$$R_{12}^1 = \begin{bmatrix} 0.530\ 6 & 0.285\ 7 & 0.102\ 0 & 0.081\ 6 & 0 \\ 0.489\ 8 & 0.285\ 7 & 0.204\ 1 & 0.020\ 4 & 0 \\ 0.428\ 6 & 0.265\ 3 & 0.265\ 3 & 0.040\ 8 & 0 \\ 0.408\ 2 & 0.326\ 5 & 0.204\ 1 & 0.020\ 4 & 0.040\ 8 \end{bmatrix}$$

$$R_{13}^1 = \begin{bmatrix} 0.408\ 2 & 0.306\ 1 & 0.244\ 9 & 0.040\ 8 & 0 \\ 0.265\ 3 & 0.408\ 2 & 0.285\ 7 & 0.040\ 8 & 0 \\ 0.346\ 9 & 0.306\ 1 & 0.285\ 7 & 0.061\ 2 & 0 \end{bmatrix}$$

（2）确定权向量

各级指标相对于上一级指标的权重向量为（表 3.10）：

$$A_{11}^1 = （0.507\ 8, \ 0.492\ 2）$$

$$A_{12}^1 = （0.251\ 8,\ 0.267\ 5,\ 0.248\ 0,\ 0.232\ 8）$$

$$A_{13}^1 = （0.326\ 2,\ 0.352\ 7,\ 0.321\ 1）$$

（3）合并评价结果向量

运用 Excel 进行结果向量计算，结果如下：

$$B_{11}^1 = A_{11}^1 \cdot R_{11}^1$$

$$= （0.507\ 8,\ 0.492\ 2）\times$$

$$\begin{bmatrix} 0.510\ 2 & 0.306\ 1 & 0.163\ 3 & 0.020\ 4 & 0 \\ 0.428\ 6 & 0.367\ 3 & 0.142\ 9 & 0.061\ 2 & 0 \end{bmatrix}$$

$$= （0.470\ 0,\ 0.336\ 3,\ 0.153\ 2,\ 0.040\ 5,\ 0.000\ 0）$$

$$S_{11}^1 = V \cdot B_{11}^1$$

$$= （90,\ 80,\ 70,\ 60,\ 50）\times$$

$$（0.470\ 0,\ 0.336\ 3,\ 0.153\ 2,\ 0.040\ 5,\ 0.000\ 0）$$

$$= 90\times0.470\ 0+80\times0.336\ 3+70\times0.153\ 2+60\times0.040\ 5+50\times0$$

$$= 82.358\ 1$$

$$B_{12}^1 = A_{12}^1 \cdot R_{12}^1$$

$$= （0.251\ 8,\ 0.267\ 5,\ 0.248\ 0,\ 0.232\ 8）\times$$

$$\begin{bmatrix} 0.530\ 6 & 0.285\ 7 & 0.102\ 0 & 0.081\ 6 & 0 \\ 0.489\ 8 & 0.285\ 7 & 0.204\ 1 & 0.020\ 4 & 0 \\ 0.428\ 6 & 0.265\ 3 & 0.265\ 3 & 0.040\ 8 & 0 \\ 0.408\ 2 & 0.326\ 5 & 0.204\ 1 & 0.020\ 4 & 0.040\ 8 \end{bmatrix}$$

$$= （0.465\ 9,\ 0.290\ 2,\ 0.193\ 6,\ 0.040\ 9,\ 0.009\ 5）$$

$$S_{12}^1 = V \cdot B_{12}^1$$

$$= （90,\ 80,\ 70,\ 60,\ 50）\times$$

$$（0.465\ 9,\ 0.290\ 2,\ 0.193\ 6,\ 0.040\ 9,\ 0.009\ 5）$$

$$= 90\times0.465\ 9+80\times0.290\ 2+70\times0.193\ 6+60\times0.040\ 9+50\times0.009\ 5$$

$$= 81.628\ 6$$

$$B_{13}^1 = A_{13}^1 \cdot R_{13}^1$$

$$= （0.326\ 2,\ 0.352\ 7,\ 0.321\ 1）\times$$

$$\begin{bmatrix} 0.408\ 2 & 0.306\ 1 & 0.244\ 9 & 0.040\ 8 & 0 \\ 0.265\ 3 & 0.408\ 2 & 0.285\ 7 & 0.040\ 8 & 0 \\ 0.346\ 9 & 0.306\ 1 & 0.285\ 7 & 0.061\ 2 & 0 \end{bmatrix}$$

$$= （0.332\ 9,\ 0.332\ 9,\ 0.266\ 3,\ 0.046\ 6,\ 0.000\ 0）$$

$$S_{13}^1 = V \cdot B_{13}^1$$

$$= (90, 80, 70, 60, 50) \times$$

$$(0.332\ 9,\ 0.332\ 9,\ 0.266\ 3,\ 0.046\ 6,\ 0.000\ 0)$$

$$= 90 \times 0.332\ 9 + 80 \times 0.332\ 9 + 70 \times 0.266\ 3 + 60 \times 0.046\ 6 + 50 \times 0$$

$$= 78.012\ 7$$

按照等级划分，结果显示："课堂教学"和"课外活动"以 82.351 0 和 81.628 6 分值处于 80～90 分，可持续发展能力好。"教学成效"以 78.012 7 分值处于 70～80 分，可持续能力处于一般水平。

同理，S_{21}^1，"校内竞赛"以 80.515 6 的分值处于 80～90 分，可持续发展能力好；

S_{22}^1，"校外竞赛"以 79.172 7 的分值处于 70～80 分，可持续发展能力一般；

S_{23}^1，"课余训练"以 80.520 9 的分值处于 80～90 分，可持续发展能力好；

S_{31}^1，"安全保障"以 81.160 8 的分值处于 80～90 分，可持续发展能力好；

S_{32}^1，"场地保障"以 78.877 6 的分值处于 70～80 分，可持续发展能力一般；

S_{33}^1，"人员保障"以 75.784 2 的分值处于 70～80 分，可持续发展能力一般；

S_{34}^1，"资金保障"以 72.066 6 的分值处于 70～80 分，可持续发展能力一般；

S_{41}^1，"组织机制"以 79.190 7 的分值处于 70～80 分，可持续发展能力一般；

S_{42}^1，"激励机制"以 74.285 7 的分值处于 70～80 分，可持续发展能力一般；

2. 二级评价

教学与课外活动二级指标评价矩阵如下：

$$R_1^2 = \begin{bmatrix} 0.470\ 0 & 0.336\ 3 & 0.153\ 2 & 0.040\ 5 & 0.000\ 0 \\ 0.465\ 9 & 0.290\ 2 & 0.193\ 6 & 0.040\ 9 & 0.009\ 5 \\ 0.332\ 9 & 0.332\ 9 & 0.266\ 3 & 0.046\ 6 & 0.000\ 0 \end{bmatrix}$$

教学与课外活动的权向量 $A_1^2 = (0.345\ 2, 0.329\ 8, 0.324\ 9)$，对教学

与课外活动进行二级评价：

$$B_1^2 = A_1^2 \cdot R_1^2$$

$$= (0.345\ 2,\ 0.329\ 8,\ 0.324\ 9) \times$$

$$\begin{bmatrix} 0.470\ 0 & 0.336\ 3 & 0.153\ 2 & 0.040\ 5 & 0.000\ 0 \\ 0.465\ 9 & 0.290\ 2 & 0.193\ 6 & 0.040\ 9 & 0.009\ 5 \\ 0.332\ 9 & 0.332\ 9 & 0.266\ 3 & 0.046\ 6 & 0.000\ 0 \end{bmatrix}$$

$$= (0.424\ 1,\ 0.319\ 9,\ 0.203\ 3,\ 0.042\ 6,\ 0.003\ 1)$$

$$S_1^2 = V \cdot B_1^2$$

$$= (90,\ 80,\ 70,\ 60,\ 50) \times$$

$$(0.424\ 1,\ 0.319\ 9,\ 0.203\ 3,\ 0.042\ 6,\ 0.003\ 1)$$

$$= 80.70$$

结果显示：教学与课外活动以 80.70 的分值处于 80～90 分，可持续发展能力好。

同理，对训练与竞赛进行二级评价：

$$B_2^2 = A_2^2 \cdot R_2^2$$

$$= (0.331\ 7,\ 0.331\ 7,\ 0.336\ 7) \times$$

$$\begin{bmatrix} 0.398\ 0 & 0.275\ 7 & 0.306\ 0 & 0.020\ 3 & 0.000\ 0 \\ 0.374\ 3 & 0.277\ 8 & 0.245\ 9 & 0.095\ 0 & 0.007\ 1 \\ 0.398\ 4 & 0.285\ 7 & 0.285\ 4 & 0.030\ 5 & 0.000\ 0 \end{bmatrix}$$

$$= (0.390\ 3,\ 0.279\ 8,\ 0.279\ 1,\ 0.048\ 5,\ 0.002\ 4)$$

$$S_2^2 = V \cdot B_2^2$$

$$= (90,\ 80,\ 70,\ 60,\ 50) \times$$

$$(0.390\ 3,\ 0.279\ 8,\ 0.279\ 1,\ 0.048\ 5,\ 0.002\ 4)$$

$$= 80.08$$

结果显示：训练与竞赛以 80.08 分值处于 80～90 分，可持续发展能力好。

对条件保障进行二级评价：

$$B_3^2 = A_3^2 \cdot R_3^2$$

$$= (0.251\ 1,\ 0.254\ 7,\ 0.244\ 0,\ 0.251\ 1) \times$$

$$\begin{bmatrix} 0.415\ 4 & 0.341\ 7 & 0.196\ 9 & 0.035\ 7 & 0.010\ 3 \\ 0.357\ 1 & 0.265\ 3 & 0.306\ 1 & 0.051\ 0 & 0.020\ 4 \\ 0.251\ 6 & 0.272\ 0 & 0.347\ 8 & 0.060\ 7 & 0.068\ 0 \\ 0.207\ 5 & 0.195\ 0 & 0.315\ 9 & 0.160\ 0 & 0.121\ 7 \end{bmatrix}$$

$$= （0.308\ 7,\ 0.268\ 7,\ 0.291\ 6,\ 0.076\ 9,\ 0.054\ 9）$$

$$\boldsymbol{S}_3^2 = \boldsymbol{V} \cdot \boldsymbol{B}_3^2$$

$$= （90,\ 80,\ 70,\ 60,\ 50）\times$$

$$（0.308\ 7,\ 0.268\ 7,\ 0.291\ 6,\ 0.076\ 9,\ 0.054\ 9）$$

$$= 77.06$$

结果显示：条件保障以 77.06 的分值处于 70~80 分，可持续发展能力一般。

对组织领导进行二级评价：

$$\boldsymbol{B}_4^2 = \boldsymbol{A}_4^2 \cdot \boldsymbol{R}_4^2$$

$$= （0.500\ 0,\ 0.500\ 0）\times$$

$$\begin{bmatrix} 0.285\ 8 & 0.408\ 6 & 0.251\ 3 & 0.047\ 6 & 0.006\ 8 \\ 0.183\ 7 & 0.306\ 1 & 0.316\ 3 & 0.142\ 9 & 0.051\ 0 \end{bmatrix}$$

$$= （0.234\ 7,\ 0.357\ 3,\ 0.283\ 8,\ 0.095\ 2,\ 0.028\ 9）$$

$$\boldsymbol{S}_4^2 = \boldsymbol{V} \cdot \boldsymbol{B}_4^2$$

$$= （90,\ 80,\ 70,\ 60,\ 50）\times$$

$$（0.234\ 7,\ 0.357\ 3,\ 0.283\ 8,\ 0.095\ 2,\ 0.028\ 9）$$

$$= 76.74$$

结果显示：组织领导以 76.74 的分值处于 70~80 分，可持续发展能力一般。

3. 三级评价

通过三级评价矩阵，可得出最终的评价结果：

$$\boldsymbol{B}^3 = \boldsymbol{A}^3 \cdot \boldsymbol{R}^3$$

$$= （0.253\ 5,\ 0.242\ 9,\ 0.253\ 5,\ 0.250\ 0）\times$$

$$\begin{bmatrix} 0.424\ 1 & 0.319\ 9 & 0.203\ 3 & 0.042\ 6 & 0.003\ 1 \\ 0.390\ 3 & 0.279\ 8 & 0.279\ 1 & 0.048\ 5 & 0.002\ 4 \\ 0.814\ 4 & 0.599\ 7 & 0.482\ 4 & 0.091\ 1 & 0.005\ 5 \\ 0.234\ 7 & 0.357\ 3 & 0.283\ 8 & 0.095\ 2 & 0.028\ 9 \end{bmatrix}$$

$$= （0.339\ 3,\ 0.306\ 5,\ 0.264\ 2,\ 0.065\ 9,\ 0.022\ 5）$$

$$\boldsymbol{S}^3 = \boldsymbol{V} \cdot \boldsymbol{B}^3$$

$$= （90,\ 80,\ 70,\ 60,\ 50）\times$$

$$（0.339\ 3,\ 0.306\ 5,\ 0.264\ 2,\ 0.065\ 9,\ 0.022\ 5）$$

$$= 78.63$$

结果显示：黑龙江省冰雪运动特色学校可持续发展能力目前是78.63分，处于70~80分，可持续发展能力处于一般水平。

4.3.3　评价结果与分析

计算结果显示（表4-32），黑龙江省冰雪运动特色学校可持续发展能力一般，得分为78.63分，说明在"三亿人上冰雪"目标的指引下，经过近几年对校园冰雪运动的大力投入，校园冰雪运动整体上具备了一定的持续发展能力，但是各方面发展还存在不平衡的问题，其中一级指标中"教学与课外活动（80.70分）""训练与竞赛（80.08分）"整体水平相对于"条件保障（77.06分）"和"组织领导（76.74分）"的开展较好，结合学者研究，冰雪场地器材师资短缺问题和校园冰雪运动相关政策不健全问题较为突出。下面进行详细分析。

表4-32　黑龙江省冰雪运动特色学校可持续发展能力分值表

	分数/分	一级指标	分数/分	二级指标	分数/分
黑龙江省冰雪运动特色学校可持续发展能力	78.63	A 教学与课外活动	80.70	A_1 课堂教学	82.35
				A_2 课外活动	81.63
				A_3 教学成效	78.01
		B 训练与竞赛	80.08	B_1 校内竞赛	80.52
				B_2 校外竞赛	79.17
				B_3 课余训练	80.52
		C 条件保障	77.06	C_1 安全保障	81.16
				C_2 场地器材	78.88
				C_3 人员保障	75.78
				C_4 资金保障	72.07
		D 组织领导	76.74	D_1 组织机制	79.19
				D_2 激励机制	74.29

教学与课外活动在一级指标中，得分最高，整体处于好的水平，得分为80.70分。二级指标"课堂教学（82.35分）"和"课外活动（81.62分）"可持续发展能力为好的水平，"教学成效（78.02分）"可持续发

展能力为一般。目前学校的冰雪体育课开课率达到了 97.9%，仅有少部分学校没有开设冰雪体育课，开课情况相对较好。目前冰雪特色学校开设项目以滑冰、雪地足球及冰雪娱乐项目为主，课外活动与体育课有着密切的联系，受课程资源不足的影响，多数学校利用天然的冰雪资源，开展冰雕、雪雕、冰画等课外活动，同时在校园冰雪节上开展雪地足球、拉爬犁、冰尜等冰雪娱乐项目，提高了学生的运动兴趣和参与率，但是课外活动项目以滑冰和冰雪娱乐项目为主，但冰雪运动技能掌握有待提高。

训练与竞赛可持续发展能力整体处于好的水平，得分为 80.08 分。二级指标"校内竞赛（80.52 分）"和"课余训练（80.52 分）"处于可持续发展的好的水平。"校外竞赛（79.17 分）"处于一般水平。学校组建冰雪训练队的积极性较高，数据显示 92% 的学校组建了校级冰雪运动队，各校代表队训练频率不同，大多数学校每周训练 1~3 次，部分学校采取的是赛前集训的方式。学校每年都会举办一次冰雪运动竞赛或冰雪文化节，由于冰雪运动特色学校大多数为中小学，受学校、家庭和自身多方面因素的制约，学生对冰雪运动技能的掌握不太理想，学生参与冰雪娱乐项目比例较高，仅有少数学生开展了速滑比赛。虽然校内竞赛项目学生参与的比例不高，但相对于校外竞赛来讲开展得较好。黑龙江省 2018 年中小学生总数 2 800 215 人[①]，9 个地市举办了市级冬季运动会，近 2 000 人参加了全省的第三届学生运动会[②]。这些赛事和活动为青少年学生提供了展示的机会，但是参与比赛的学生人数有限，观众寥寥无几，这表明冰雪赛事规模有待扩大，吸引力有待增强。

条件保障处于可持续发展能力一般水平，其得分为 77.06 分。二级指标"安全保障"处于可持续发展好的水平，"场地器材""人员保障"和"资金保障"分别以 78.88、75.78 和 72.07 的分数处于一般水平。大多数学校都会要求学生购买保险，同时在冰雪体育课上往往有多位老师同时在场，这为学生的安全提供了双重的保障，但在其他方面还存在很大的不足。首先，小而多的冰场基本满足学校开展教学和课外活动的需求，但是标准的 400 m 大冰场数量较少，同时学校之间的冰雪场地资源差异较大，

---

① 数据来自黑龙江省 2019 年统计年鉴。
② 数据来自黑龙江省体育局，截至 2019 年 1 月。

室内冰场的建设需要多方协作共同建设。其次，冰雪专项教师短缺问题突出。多数学校冰雪体育课由非冰雪专项教师授课，教师参加培训的机会少，需要加强冰雪教师队伍建设，可以通过兼职教师和师资共享的途径来缓解教师短缺的问题。最后，冰雪运动的开展需要大量的资金支持。冰场的季节性，要求学校每年都需要支出建设和维护费用，此外冰雪课程的开展需要配备充足的护具和其他器材，因此相关管理部门应制定相应政策，拨足经费的基础上监督学校的经费使用，同时鼓励学校通过社会赞助等其他渠道，保障经费的使用。

组织领导处于可持续发展能力一般的水平，其得分 76.74 分，二级指标"组织机制（79.19 分）"和"激励机制（74.29 分）"处于可持续发展的一般水平。组织领导主要包括政策和组织机构的完备程度以及部门之间的协同程度。冰雪运动特色学校按照遴选要求，均成立了由校长或副校长牵头成立的小组，部分学校设立了校长总体负责，体育教师分年级负责、班主任分班负责的多级管理框架，但是政策的落实程度和各部门之间的协同工作能力还有待进一步加强。为提高学校教师和学生参与冰雪运动的积极性，学校应当设立相应的激励政策并认真地落实，通过物质和精神两个方面对有贡献的教师和学生进行奖励，提高教师和学生参与冰雪运动的积极性。

综上，从可持续发展视角，构建了冰雪运动特色学校评价指标体系，该指标体系由教学与课外活动、训练与竞赛、条件保障、组织领导 4 个一级指标，课堂教学、课外活动、教学成效、校内竞赛、校外竞赛、课余训练、安全保障、场地器材、人员保障、资金保障、组织机制、激励机制 12 个二级指标和 33 个三级指标构成，并对各级指标分别进行了释义。结果显示，92.3%的专家认为指标划分"恰当"，7.7%的专家认为"基本恰当"，按专家意见修改后的评价指标得到了专家的一致认可，没有专家评价"不恰当"。评价指标可用于管理部门对特色学校进行评估，也可用于学校自评。既可纵向对比同一学校或地区不同时期校园冰雪运动的发展态势，扬长避短；又能横向对比不同学校或地区的校园冰雪运动发展状况，取长补短、互相借鉴。

采用改进模糊综合评价方法对黑龙江省冰雪运动特色学校可持续发展能力进行了评价，结果表明，被评价冰雪运动特色学校可持续发展能力处于一般水平，S 分值为 78.63 分，其中，教学与课外活动和训练与竞赛得分较高，条件保障和组织领导得分偏低，计算结果与学者研究结果和实际一致，说明通过本文构建的评价指标体系评价冰雪运动特色学校可持续发展水平和能力是可行的。

由于课题组研究能力所限，实证和调查对象为部分省份的冰雪运动特色学校及专家。校园冰雪运动的项目较多，受气候、场地、器材等因素影响较大；加之，评价指标重要性会随着评价目标不同而发生变化。因此，建议学者扩大研究范围，深入研究冰雪运动特色学校可持续发展评价体系；同时，评价对象较多时采用模糊评价法的工作量较大，建议学者基于本指标体系研究建立基于大数据分析的评价模型和算法，利用人工智能技术形成发展状况分析报告，节省人力和物力的同时，提升评价的科学性、便捷性和可操作性。为减少评价过程的工作量，可根据区域经济、人文、气候环境整体情况制定出各评价指标的评分标准，通过客观数据进行评价，以减少主观因素的影响。

第五章 青少年冰雪运动推进体育强省建设的机制研究

共享学校和社会冰雪体育资源，强化冰雪教育和青少年体育是促进学生全面发展的重要途径，是实现"三亿人参与冰雪"高质量发展的重要保障，更是黑龙江省推进冰雪体育强省建设的关键。要更好地发挥政策红利共享冰雪教育资源，就要研究冰雪运动进校园政策要素以及推进机制，探索青少年冰雪教育资源共享理论，从而推进冰雪体育强省建设。课题组选取冰雪特色学校典型经验和深度访谈资料，采用扎根理论方法，归纳和提炼出冰雪运动进校园统筹推进机制理论模型：一是政府主导的政策保障机制，二是要素整合的资源共享机制，三是目标导向的监督与激励机制，四是多方参与的风险管控机制。同时，从政府、学校、家庭和社会4类主体提出冰雪运动进校园的实现路径及对策。该推进机制理论模型和实现路径是结合学校实际工作的话语体系和解释框架，有助于丰富青少年冰雪运动相关理论，同时为有关部分推进体育强省建设提供理论支撑和实践指导。

5.1 冰雪运动进校园政策要素分析

5.1.1 政策要素数据编码

1. 开放性编码

第一步，对所有资料进行概念化分解和编码，利用 Nvivo12 查阅某一节点下的原始参考点，根据节点内容，对节点进行命名，然后比较所有节点的内容，对相同节点内容进行合并和重组；第二步，对节点的逻辑性进行深入研讨，将同一维度的节点合并，并重新定义新节点；第三步，将有关的概念聚类成新的节点，最终得出冰雪运动进校园政策的瓶颈问题及破解路径的初始范畴，并对部分子节点的位置进行调整。编码过程中，发现节点间存在一些重复内容（不同资料来源均有涵盖），对此没有予以剔除。因为一个节点内容被提及的次数越高，该节点所述的行为就越具普遍意义（图5-1）。

2. 主轴性编码

主轴性编码是为了发现和建立主要范畴间的各种联系，从而展现资料中各部分的有机关联（图 5 - 2）。按照 Strauss 等提出的范式模型（Paradigm Model），即所分析的条件、过程策略和结果之间所体现的逻辑关系①。

---

① CORBIN J M. Basics of qualitative research：Grounded theory procedures and techniques［M］. Lodon：Sage，1990.

原始资料引用

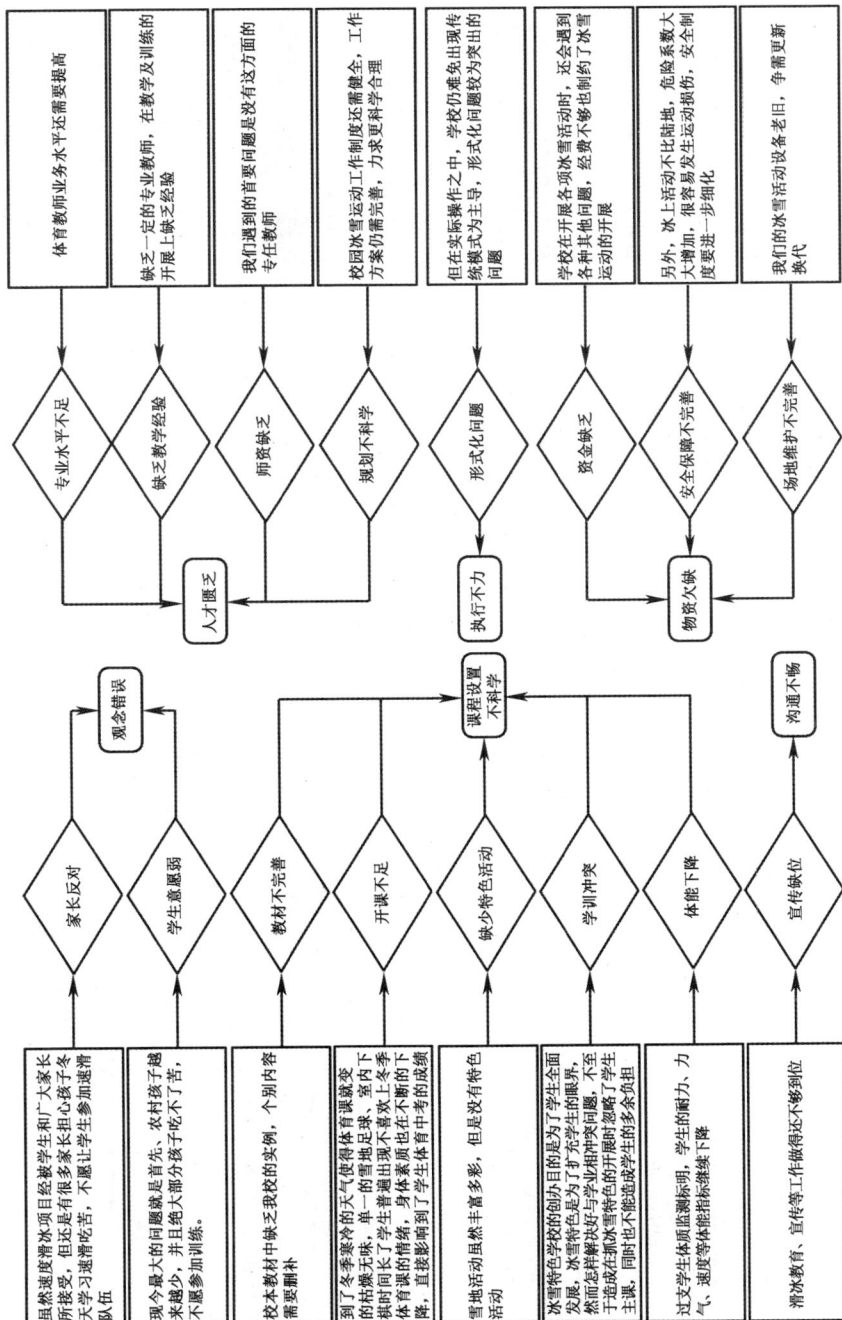

- 体育教师业务水平还需要提高
- 缺乏一定的专业教师，在教学及训练的开展上缺乏经验
- 我们遇到的首要问题是没有这方面的专任教师
- 校园冰雪运动工作制度还需健全，工作方案仍需完善，力求更科学合理
- 但在实际操作之中，学校仍难免出现形式化主导，形式化问题较为突出的问题
- 学校在开展各项冰雪活动时，还会遇到各种其他问题，经费不够也制约了冰雪运动的开展
- 另外，冰上活动不比陆地，危险系数大大增加，很容易发生运动损伤，安全制度要进一步细化
- 我们的冰雪运动设备老旧，亟需更新换代

初始概念

专业水平不足　缺乏教学经验　师资缺乏　规划不科学　形式化问题　资金缺乏　安全保障不完善　场地维护不完善

初始范畴

人才匮乏　执行不力　物资欠缺

初始范畴

观念错误　课程设置不科学　沟通不畅

初始概念

家长反对　学生意愿弱　教材不完善　开课不足　缺少特色活动　学训冲突　体能下降　宣传缺位

原始资料引用

- 虽然速度滑冰项目经被学生和广大家长所接受，但还是有很多家长担心孩子冬天学习速滑受凉，来藏少，并且让大部分孩子参加速滑队伍
- 现今最大的问题就是首先，农村孩子娇惯，来藏少，怕孩子吃不了苦，不愿参加训练。
- 校本教材中缺乏我校的实例，个别内容需要翻补
- 到了冬季寒冷的天气使得体育课就变得枯燥无味，单一的室内下的体育课的情绪，身体素质也在不断的下降，直接影响到了学生中考体育的成绩
- 雪地活动虽然丰富多彩，但是没有特色活动
- 冰雪特色学校的办学目的是为了学生全面发展，冰雪特色是为了扩充学生的眼界，然而怎样解决好与专业相冲突的问题，不至于造成在抓冰雪特色的开展时忽略了学生主课，同时也不能造成学生体能余负担
- 过多学生体质监测不明，学生的耐力、力气、速度等体能指标做绩继续下降
- 滑冰教育、宣传等工作做得还不够到位

图5-1　冰雪运动进校园瓶颈问题开放性编码表

原始资料引用　　初始概念　　初始范畴

初始范畴　　初始概念　　原始资料引用

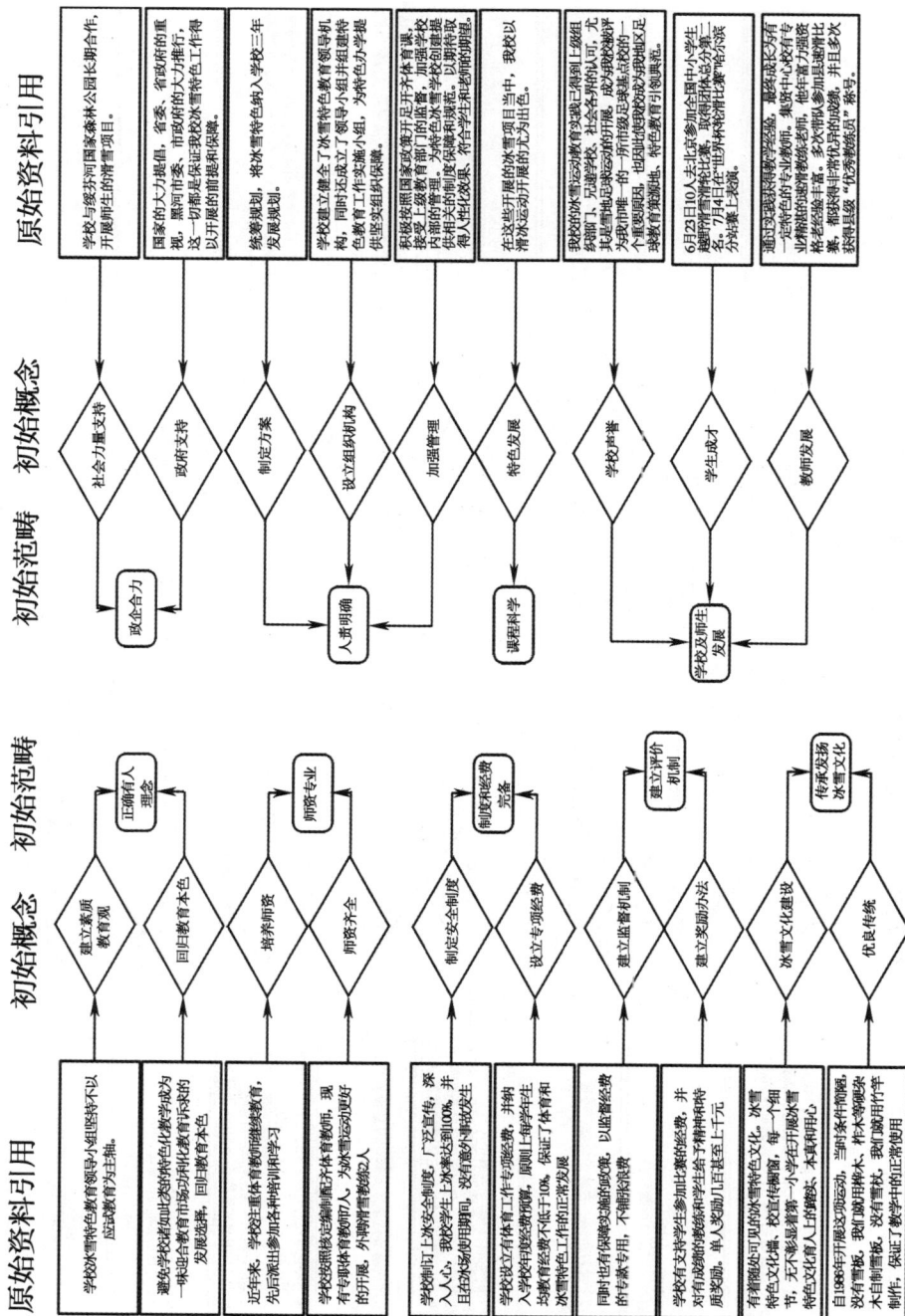

图5-2　冰雪运动进校园破解路径开放性编码表

表 5-1　主轴性编码结果

维度	主范畴	副范畴
瓶颈	认知偏差（22）	沟通不畅，观念错误
	资源供给失衡（85）	人才匮乏，物资欠缺，课程设置不科学
	责任淡薄（11）	执行不力
破解路径	利益激励（182）	学校和师生发展
	认知正确（128）	传承与发扬冰雪文化，正确育人理念
	资源配置合理（477）	课程设置科学，制度、经费完备，政企合力，师资专业，
	制度归引（259）	建立评价机制，人责明确

注："（）"内数字代表主范畴节点数量

3. 选择性编码

选择性编码是指通过描述现象的"故事线"来梳理和发现核心范畴，把核心范畴与其他范畴系统地连接起来，搜集新的资料验证其间的关系，并进一步通过资料与正在成型的理论之互动来完善各个范畴及相互关系，从而建立起概念密实、充分发展的扎根理论[①]。通过对副范畴的归纳演绎发现 4 个范畴：资源配置（核心因素）、认知能力（内驱因素）、制度与责任（保障因素）、利益激励（外驱因素）对"冰雪运动进校园"政策成功与否存在关键影响。各要素关系模型为利益刺激、制度规范，能消解资源供给失衡；利益引导、认知培育，能归正认知偏差；利益相容，统一知行，能化解责任意识淡薄。冰雪运动进校园政策要素模型如图 5-3 所示。

---

① CORBIN J, STRAUSS A. Basics of qualitative research：Techniques and procedures for developing grounded theory［M］. Lodon：Sage Publications，2014.

```
┌─────────────────────┐
│  利益相容、统一知行,    │
│  化解责任意识淡薄       │
└─────────────────────┘
          ↑
   ┌──────┴──────┐
┌──────────┐   ┌──────────┐
│ 利益相容,牢固 │   │ 统一认知与行动,│
│    责任     │   │   强化执行   │
└──────────┘   └──────────┘

┌─────────────────────┐
│  利益刺激、制度规范,    │
│  消解资源供给失衡       │
└─────────────────────┘
          ↑
   ┌──────┴──────┐
┌──────────┐   ┌──────────┐
│制度规范资源有序│   │ 利益刺激,促进资│
│配置,提升资源使 │   │   源共同    │
│  用效率     │   └──────────┘
└──────────┘

┌─────────────────────┐
│  利益引导、认知培育,    │
│  归正认知偏差         │
└─────────────────────┘
          ↑
   ┌──────┴──────┐
┌──────────┐   ┌──────────┐
│ 利益引导,归正认│   │ 加强认知能力培育,│
│   知偏差    │   │ 创造内驱需求   │
└──────────┘   └──────────┘
```

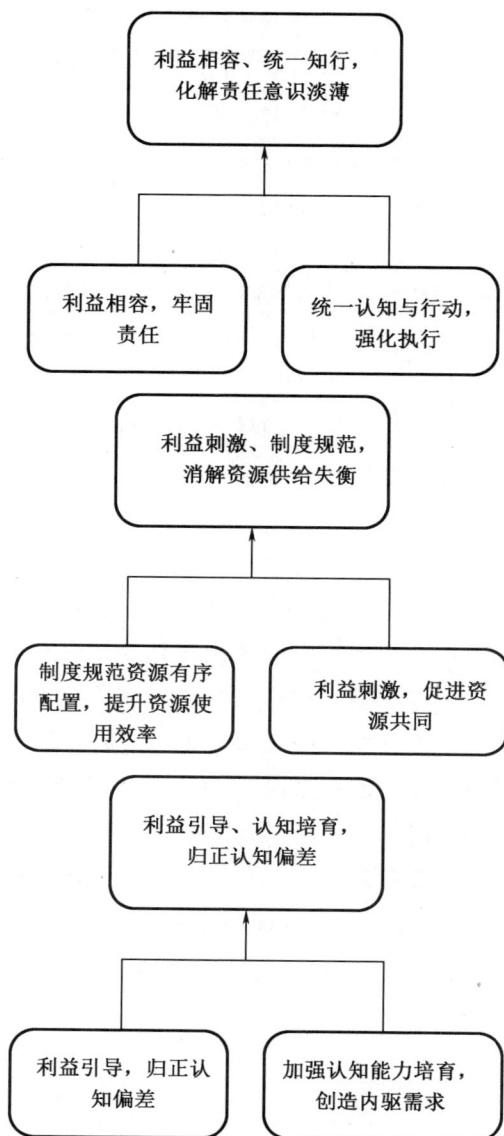

图 5-3 冰雪运动进校园政策要素模型

4. 理论饱和度检验

研究者根据数据分析得不到新范畴的时刻可以看作何时停止采样的标准①。我们在 42 所案例学校之外又选取了 3 所学校进行了编码操作，结果显示未出现新的范畴，说明本研究提炼的理论范畴是饱和的。

5.1.2　利益刺激、资源配置（核心因素）

1. 利益刺激，促进资源共融

通过 Nvivo12 对存在问题节点的统计（表 5-1），我们发现资源供给失衡主范畴是当前冰雪运动进校园政策的主要顽疾，主要体现在师资专业水平不足、课程设置不科学、保障不完善和经费欠缺。引起资源供给失衡的主要原因是体制性障碍，冰雪运动的优质资源都在体育系统内，作为冰雪运动进校园的发起者教育系统不能够便捷和低廉地使用体育系统资源，体育系统只负责竞技人才的培养，不考虑学生的体质健康，因此在工作目标上双方很难达到行动统一。为了破解资源供给失衡的问题，部分学校在教育主管部门的牵引下与体育、发改委、财政、市场等相关机构进行合作，进行优质资源融合。但是资源融合并不是一蹴而就的，每一个参与者具体行为的选择，都有职责与自我利益权衡，在具体实践中，各种矛盾关系会逐渐显化，为了平衡各方利益，调动各方积极性进行合作，学校采取了以下四点做法。

第一，明确各利益相关者及诉求，综合考虑各参与方投入的要素与成本。学校"冰雪运动进校园"活动资金来源和目标设定的是政府，政府的诉求是完成国家在特定阶段发展的具体任务，推动中国冰雪运动发展，完成三亿人参与冰雪的目标；决定冰雪运动进校园战略及措施是学校及校领导，学校的诉求是完成国家制定的任务，培养德智体全面发展的高素质人才，提升学校声誉和升学率；决定学校人才培养任务落实和活动目标实现的直接执行者是教职工，教职工在教书育人的实践中，不断提高自己，发展自己，获得职业尊重和物质奖励；体育部门和社会培训机构是冰雪优质资源的占有者、体育部门的目的发现和培养具有体育天赋的青少年，为国

---

① 黄静，张晓娟，童泽林，等. 消费者视角下企业家前台化行为动机的扎根研究 [J]. 中国软科学，2013，（04）：99-107.

家争得荣誉，而社会培训机构首要目的是盈利；家长的利益就是孩子全面发展，健康成长，成为社会有用之才。多方主体依据价值和目标，依据影响因素，不断调整和改进策略，并对其他主体行动策略产生影响，最终达到的一种动态平衡状态①。

第二，整合政府与市场的资金。学校设立专项资金纳入年度预算，并逐年提高比例，在经费上保证冰雪运动进校园活动的持续开展。社会营利机构缴纳保障金，保证服务质量和学生安全，并允许社会机构提供课后有偿服务，节省了学校的资金投入，降低了培训机构的服务价格，培育了体育培训产业发展壮大。

第三，融合体育系统的人力与场地资源。建立体育系统外聘专家、人才的定期交流办法，让退役运动员、教练员，为学校开展冰雪运动贡献力量。专家经常性地在指导培训过程中及时发现有体育天赋和培养价值的青少年。

第四，加大社会培训机构的利益分配比例。冰雪运动进校园是一项系统工程，仅仅靠政府和学校是很难提供优质的服务的，加大利益分享能够调动社会资源向学校集中，在短期内可弥补学校资源不足的短板。所以"冰雪运动进校园"资源要素要以共同利益为基础，以共赢为目标，找准冰雪运动进校园各方的利益诉求，建立平衡机制。

2. 制度规范资源有序配置，提升资源使用效率

资源配置失衡的另一体现是资源配置混乱无序，资源的利用效率低下。尤其是在场地建设上，学校大多没有明确的建设计划，只是对现有场地的改造或使用校外机构的资源，没有明确资源的供给主体是谁，无法科学有效地使用这些资源。

制度经济学理论表明，资源配置方式的转换和生成是外部制度环境和内部制度安排相互作用、相互约束的变迁过程②。外部制度环境，是指地方教育行政主管部门对高校体育资源的宏观配置政策；内部制度安排，是

---

① 郑娟，郑志强. 公共体育服务协同供给:基于演化博弈的分析框架 [J]. 中国体育科技，2017，53 (02):100-106.

② 康宁. 中国经济转型中高等教育资源配置的制度创新 [M]. 北京:教育科学出版社，2005.

高校内部体育资源的微观配置政策①。单一政策在执行过程中会造成较高的执行成本②，政策制定者必须了解不同政策工具的互动机理以灵活发挥多重工具效能③。因此，学校在选择制度工具时，要考虑多种工具之间的相互强化效应，因为工具的适当组合可以实现激励效应的最大化④。

当前"冰雪运动进校园"资源两大短板就是师资与场地，研究发现，学校主要围绕这两大方面进行制度建设。在内部制度设立了积极吸引社会人才的办法，充实教师队伍，让有志向做这项工作的人得到满意的回报。同时创新课堂教学，探索信息化教学技术和方法，弥补优秀师资不足和地区之间差异。创建了资源和信息共享的外部制度环境，在场地建设上与当地政府合作统筹建设，从制度上确保新建和已建场馆的使用上要把学校的需求考虑在内。为提升资源使用效率，确保学校体育资源配置的有序推进，教育管理部门首先明确了各资源供给主体（学校、政府、社会）的权力、义务和行为准则，在一种协同的制度环境中实现教育资源的规范配置。其次，学校划定了稀缺资源（例如，人才、场地）和可代替资源（例如，课程、器材）的范围，按照制度规范配置投入的比例，平衡冰雪资源配置。再次，教育部门建立了信息收集制度，定期排查各学校对资源的需求，利用科学的手段和方法，分析和比较，使得冰雪资源配置到最需要它的学校。

然而，制度的相互作用并不都是互益的，制度工具和药品一样，都有其"不良反应"和"注意事项"，要明确适用范围，制定制度之前要充分考虑政策的整体效果，不能"头痛医头，脚痛医脚"。周莹认为，有效的

① 朱建清，丛湖平. 华东地区普通高校体育资源结构及其优化配置方式的选择 ［J］. 中国体育科技，2006，（06）：104-111.

② COSTANTINI V，CRESPI F，PALMA A. Characterizing the policy mix and its impact on eco-innovation in energy-efficient technologies ［J］. Research policy，2017，46（3）：799-819.

③ 谭利，于文谦，吴桐. 中国校园足球政策工具选择的特征解析及优化策略 ［J］. 体育学刊，2020，27（01）:87-92.

④ 刘凤朝，马荣康. 公共科技政策对创新产出的影响：基于印度的模型构建与实证分析 ［J］. 科学学与科学技术管理，2012，33（05）:5-14.

政策组合需要具有综合性、一致性、战略性、动态性等性质①。首先，应该把政策本身作为一个整体，将政策所作用的对象也视为一个整体。"冰雪运动进校园"政策包含资源、保障、认知和激励四大制度群体，这四大政策制度相互作用，且彼此间存在逻辑动态过程。在政策制定过程中，仅仅关注问题的一个方面，不能从根本上有效提升政策的功效。譬如，在人才吸引上，既要有利益吸引制度，还要有价值认同措施，让教师的发展与学校的发展并轨，不仅要能招来人才，还要能留住人才，让人才安心长远地为学校工作，否则一旦工作中失去利益，教师的思就会想产生动摇，出现"混日子"的情况。其次，在政策之间要协同增效，让政策之间相互作用，而不是相互诋损。众所周知，体育活动中必然存在学生受伤风险，不能怕学生受伤而"因噎废食"，或不合理地追究教师的责任，如果出现事故，就要追究教师责任，这样一定会导致教师不敢教和不愿教。制定安全制度的目的是保护学生和教师，通过标准化程序的操作把风险降低到最低，让学生尽情地玩，让教师放心地教。再次，政策组合要有战略思维，要明确政策实施过程中每一阶段的具体目标和任务，把握冰雪运动进校园发展总体趋势和方向，既立足当前又放眼长远，站在全局高度推进各项工作。最后，要懂得事物发展的动态性，在制定政策组合中具有调整的空间，针对每阶段的关键节点，设定实施路径，让政策持续发挥功效。

5.1.3 利益引导、认知能力（内驱因素）

1. 利益引导，归正认知偏向

利益激励会对认知的形成产生导向作用。在分析中发现，利益激励工具使用不足，没能有效牵引师生和家长的认知目标。由于受到办学经费和学校体育工作地位的影响，体育教师的奖励存在"蜻蜓点水"般的奖励，不能激起体育教师工作热情的浪花。教师是冰雪运动进校园的具体实践者，充分调动教师的积极性方面不应漠视教师的外驱需求，内驱奉献是教师必须具备的内在精神，但不能以奉献精神为由否认教师的劳动及合理的精神回报和物质回报。物质回报、精神丰收是对教师劳动成果的尊重和承

---

① 周莹. 基于有效性分析的创新政策组合模式研究 [J]. 中国科技论坛，2021，(01)：10-16.

认，也是推动教师努力工作的原动力。通过资料对比，总结一些学校的做法供其他学校进行借鉴。

第一，从个人奖励向集体奖励转变，提升广大教师的积极性。目前的奖励办法多是明确个人工作内容的绩效奖励，缺少对集体的考核，比例上只有少部分教师能够获得奖励，而且优秀的教师总是优秀，所以奖励基本上变成对一个人的持续奖励，没有起到群体激励效果，久而久之，其他教师对奖励也就失去兴趣。所以应该变个人为集体，量化个人的贡献，通过集体奖励，发挥不同教师的个人优势，培养团队协作能力。

第二，从单一的物质奖励向提供多种福利待遇转变，满足个性化需求，提升教师的荣誉感。由于学校办学经费的使用限制，不可能都用"货币"的形式进行奖励。例如，通过作为教师的职称晋升的业绩，提供更好的办公环境，授予教师更多的荣誉等方式，都能不同程度地满足教师的需求，让教师感受到劳动成果被认可和尊重。

第三，从短期目标达成奖励向教师长期职业发展奖励转变，体现学校关心教师的个人成长。访谈中发现，年轻教师更注重长远的职业发展，都希望自身能够得到更多的学习和培训机会，提升自己的业务能力。通过长期不间断地学习，使教师感受到学校这个平台对自身发展的重要性，借助学校的舞台能够展示自己的才华，教师就会正确认识到个人价值与组织的相互关系，为学校的发展提供正能量。

此外，学生成才渠道受阻是家长普遍反映的观点。全国性大中学生冰雪综合性赛事仅有 6 项[①]，市县级以下的赛事更是寥寥无几，无法满足学生和家长的需要。要知道并不是所有孩子都具备冰雪体育天赋，大部分孩子还是要在校园中接受教育。在现有应试教育评价机制下，学生能够长时间地、持续性地参加冰雪运动的唯一动力就是要参加比赛、获得证书，寄希望于在中考和高考中获得加分。现有的校园冰雪竞赛体系，学生可选择的竞赛数量少，家长的投入得不到有效回报，因此限制了家长和学生投入时间参与体育活动。为解决这一弊端，2020 年，学生体育协会从教育部门脱钩，民政局备案社会团体，专门组织、研究制定学生竞赛，初步建立了

---

① 许弘. 北京 2022 年冬奥会和冬残奥会背景下冰雪运动进校园的现状、思考与展望 [J]. 体育科学，2021，41（04）:41-48.

省级的选拔性竞赛。为了配合这一竞赛体系，各冰雪特色学校根据自身条件，建立了校内竞赛和区域联赛的机制，解决了竞赛不足，赛事混乱的局面，从而满足学生的发展需求，拓宽学生的成才渠道。

2. 加强认知能力培育，创造内驱需求

在破解路径维度上，认知正确（内驱因素）节点数量明显少于资源和制度工具的节点数量，表明了在冰雪运动进校园的政策制定实施中没有充分激发行为主体的自我驱动力。这种现象是由于体育在中国教育评价体制的缺位，整个教育系统"重文轻武"形式严重，学生的智力教育过溢，身体教育欠缺，造成家长和学生的身体教育需求阻滞。认知创造需求，认知与需求相互依存、互为因果、相互促进。没有认知，需求无法实现，没有需求，认知无从谈起[①]。如果不能形成强大的需求效应，将无法完成"三亿人参与冰雪"的国家战略。家长、学生、学校和社会没有秉持素质教育的育人观，需求主体就会缺乏内在驱动力。没有正确的认知理念，"冰雪运动进校园"就是无源之水，无本之木。认知能力就是"冰雪运动进校园"内驱需求的指挥棒，需求配置是有一定认知能力的人做出的选择。加强认知能力的形成与转化，首先要增加参与者身体实践，获得身体认同。研究发现，一些具有悠久历史的冰雪特色学校不仅要求学生参加冰雪运动，还要求家长陪同孩子参加体育锻炼，使家长获得与学生同样的身体认知。认知能力的积累是依托于人体的生理活动的，是人体主动适应环境的一种"体认"。在运动的过程中，身体并不是被动地接收信息，而是调动全部感觉器官，对环境进行反应，促使身体去认识客观事物。不仅如此，许多学校都成立了"冰雪运动进校园"的工作小组，组长由校长担任。校长们每周都会亲自带领学生参加冰雪运动，并带领教职工做好后勤保障工作。通过家校联合，强化这种身体认知，让参与冰雪运动的理念不仅要走进校园，更要走进学生家庭。所以，具身实践，是认知培育的基石。其次，把认知能力的培育嵌入到冰雪运动的环境中，即认知主体在时间和空间上与环境紧密相连。环境的渲染，是认知能力构成的催化剂，环境中所构建的信息会深刻影响认知主体的行动。学校经常性地开展冰雪校园文化

---

① 屠静芬，邵彦涛. 以知识生产为中心："中国近现代史纲要"教学供给侧改革的思路与途径［J］. 科教文汇（中旬刊），2020，（11）:10-12.

建设，其目的就是利用环境信息不断地刺激学生的感官，久而久之让学生的认知活动与环境相匹配。一旦"共境"的情况产生，学生的思维、感情、态度就会发生变化，内在需求和心理动机就会自觉地引导认知主体接纳和认同身体教育的价值。最后，认知能力培育深度融入参与者的日常生活中。社交媒体和短视频已经成为人们日常生活中获取信息的主要渠道，学校为了适应当下的传播模式，借助社交网络平台，定期推出与健康有关的短视频和文章，回答学生和家长的健康问题，满足了学生和家长的现实需求。因为认知的传播就是聚合"人心"，只有聚合学校师生和家长，促进学校和家长沟通和交流，学校与家长、师生才能产生"共情"，从而建立强互动社交链接，最终实现学校、家长、学生的认知趋同。

5.1.4　利益激励、制度与责任（外驱因素）

1. 利益相容，牢固责任

"责任淡薄"是冰雪运动进校园三大瓶颈之一。冰雪体育教学需要投入的要素多，教师在具体执行时难免会遇到各种羁绊，例如场地，器材、天气和教师个人发展受挫等原因。由于长时间得不到解决，教师在课堂教学中逐渐放弃课堂管理，出现了"放羊式"教学行为。教师责任的缺失，必然会在工作中采取被动的、浅表的、流于形式的行动，对冰雪运动进校园改革采取抵触情绪。美国著名思想家爱默生曾说："任何把利益和责任分开的做法都是要注定失败的。"增强责任意识，需从利益制度入手，利益越大，责任越大。制度又分为被动性制度与主动性制度[①]，被动性制度往往是被管理方对自我利益的平衡的被动选择，当学校和教师能够获得更多利益激励时，行为体便会化被动为主动，在制度框架内选择主动参与，承担责任。

第一，实现个人利益与社会责任相融。研究发现，创新考核评价办法，利用关键业绩指标，学校与体育组签订责任书，明确每年的工作内容和达成指标，实现与教师的业绩挂钩、职称挂钩，与学生的综合评价、升学挂钩。通过考核评价体系牢固教师责任意识、激发教师工作活力、最终

① 卢光盛，聂姣．澜湄合作的动力机制：基于"利益-责任-规范"的分析［J］.国际展望，2021，13（01）:110-129.

提升教师的敢于承担责任的能力。可以看出，只有教师的利益与责任深度融合，能够体会到责任的承担能够为自己带来更多利益时，教师内心才会产生"期望效应"，在实际行动中建立与责任相符的工作态度。

第二，实现教师的个人利益与学校的发展相融。学校在制定"冰雪运动进校园"政策过程中，要充分考虑一线体育教师的心声，建立对话沟通的渠道，让教师参与决策的过程，提升教师的责任感。与此同时，教师在表达个人诉求时也需要寻找个人利益与学校利益的交叉点，让教师明白只有学校发展了，个人的利益才会满足。例如，在开展校园冰雪运动时，必然会增加教师的工作量和工作强度。一些学校会向政府和教育部门申请专项经费，用于开展冰雪运动。这些经费不仅会用来改善教学条件，更主要的是用物质形式对教师的辛苦付出表示尊重。如果教师在工作中获得了荣誉，将会对教师的职业发展起到了重要的支撑作用。这些实实在在的益处，只有让每个教师建立利益就是责任的观念，在工作中兢兢业业，通过每个教师的共同努力，最终使教师与学校形成双赢局面。

第三，利益与公平相容。有了利益就会产生分配问题。对于教师来说，如果产生分配不公，就会打击教师的积极性，不利于凝聚教师人心，容易出现集体分化。在访谈中，经常会听到老师们抱怨干同样的活，分不同的钱。一些学校在利益均衡的前提下，适度拉开利益差距，既能体现多劳多酬，又能体现公平，在教师之间始终保持合理的、动态的利益差距，能够促进教师之间的合作，并保持良性竞争，实现成果共享、责任共担。

2. 统一认知与行动，强化执行

"知责任者，大丈夫之始也。"责任意识是一种与使命担当相伴相生的认知能力，更是一种与能力本领相辅相成的思想动因。执行不力是责任意识淡薄的具体表现。执行过程中存在政策在各执行方空转，敷衍了事的行为时有发生。应试教育的指挥棒作用，无法避免地让一部分教育从业者的思想和行动存在分歧，对待体育工作，说起来重要，做起来次要，忙起来不重要。知道必然要通过行动表现，归根结底还是知行未达到统一。研究发现，学校通过影响个人的认知和实践，强化执行制度，作用于执行者社会责任感的形成。

第一，把执行文化教育作为优化执行力的前置条件。执行文化并不是与生俱来的，它需要政策制定者的培育和思想营造。通过制度建设，抓牢思想防线，通过不断学习对政策执行主体进行教化，将执行文化与责任内涵的关系贯通，使责任伦理深入人心。譬如，学校在教师的政治学习中，加入体育工作的内容，及时学习党和国家的最新的体育教育方针和政策，在思想上提高教师对"冰雪运动进校园"工作的站位高度。通过设立冰雪运动工作小组，明确分工，落实责任，确保工作扎实有效地开展。工作小组定期召开会议、制定方案，制度上保证每周体育活动的时间和次数。经常性开展冰雪运动会、冰雪嘉年华、冰雪主题艺术展等活动营造校园体育文化氛围。

第二，建立社会舆论监督机制，用舆论督促执行。舆论能为"冰雪运动进校园"创造良好的执行环境，它不像法制、法规具有强制性特点，但是舆论的威慑力在某种程度上要大于法制和法规。俗话说，"不怕通报，就怕见报"，通过多种渠道主动向社会和媒体输送信息，引导大众共同关心学校的发展。特别是向家长公开学校的"冰雪运动进校园"的工作方案和落实情况，利用家长委员会和学校的微信公众号等方式收集家长和大众的反馈意见，通过主动暴露问题，凸显了学校育人的责任和决心。

第三，建立问责制度，提高执行主体动能。建立了常态化的教学督察机制，明察与暗访相结合，及时发现工作中存在的不足，牢固教师"能上能下"的思想意识，破除教师的思想麻痹意识。总之，提升执行力就是要内化于心、外化于行。

除了学校内部的自我约束之外，还需要外部的执行监督以加强学校与各部门的联合。首先要加强地方政府和教育主管部门的引领作用，定期对学校"冰雪运动进校园"工作开展检查，加强对学校的责任人层面的规范，确保学校能够严格落实国家及地方教育部门的相关政策，如果发现学校在工作中存在敷衍了事、弄虚作假行为，应对学校责任人进行问责，绝不姑息，保证执行制度的刚性化。其次通过监督确保学校与体育局和社会培训机构工作机制的顺畅。除了用利益共享，刺激各方资源融合，还要用监督筑起协同共创的篱栅，确保各方"心往一处想，劲往一处使"，不能做出与协同共享政策相互抵制，相互分离的行动，把协同工作的总基调贯彻到监督工作的始终。

5.2 冰雪运动进校园推进机制理论模型

课题组构建了冰雪运动进校园推进机制理论模型（图5-4）。该模型可以为冰雪教育资源共享机制研究提供理论参考和解释框架。

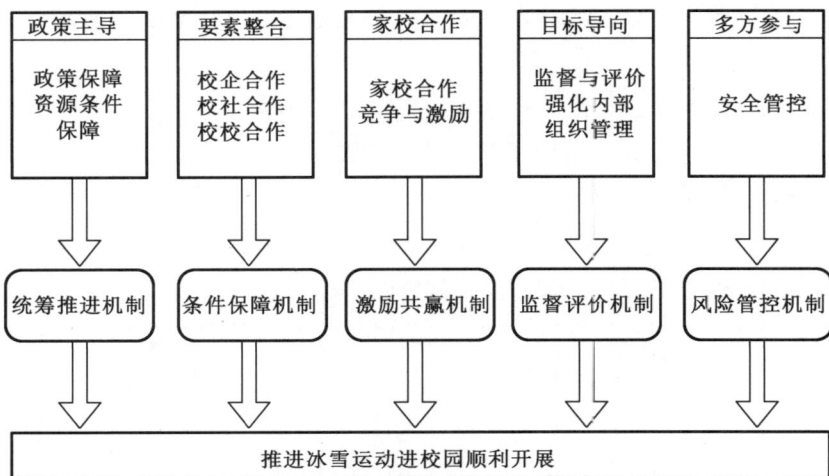

图5-4 冰雪运动进校园推进机制模型

5.2.1 统筹推进机制

2016年国务院办公厅颁发的《关于强化学校体育促进学生身心健康全面发展的意见》中要求各地要把学校体育工作纳入经济社会发展规划，加强统筹协调，落实管理责任[①]。统筹推进机制是指在组织内部各要素之间通过相互联系和作用，从总体上全面考虑，制定一系列能够发挥协同作用的制度、政策、目标等，进而统一筹划各个方面协调发展的作用方式[②]。要以各级政府部门作为统筹对象，以冰雪运动广泛开展作为统筹目标，统筹主体成立统筹小组，明确部门分工，满足学校与学生对冰雪运动的需

---

① 国务院办公厅印发《关于强化学校体育促进学生全面发展意见》［Z］.2016-5.
② 黄思棉.防城港市城乡基本医疗保险统筹机制研究［D］.南宁：广西大学，2016.

求，保障持续推进校园冰雪运动。

5.2.2　条件保障机制

条件保障机制是为冰雪运动进校园提供物质和精神条件，实现预定目标的机制[1]。要素整合途径主要包括校企合作、校社合作和校校合作三条途径，其目的是加大校园冰雪运动资源供给，主要包括资金、场地、师资、文化等资源，通过不同主体之间的相互合作以保障资源条件供给充足，为冰雪运动进校园的开展奠定基础。校企合作是当前学校体育改革和发展的重点和难点，同时也是解决当前学校体育发展的有效手段之一[2]，因此学校和企业自身应该树立长远的战略合作意识，政府部门也应积极统筹、大力支持校企合作。访谈中有教师表示"我们学校与速滑馆属于合作单位，我们到哪去进行专业的训练都是不收费的。并且学校队员去练，会给找专业的教练，也是不收费的。"（20210823-JS05）相关冰雪企业可以赠送学校冰雪运动器材。从校社合作看，最终目的是满足学生对冰雪运动的需求以及提高社会组织的知名度。在编码过程中，有多篇典型经验资料中提到学校希望社会公共场馆能够对学校按时段免费开放，供学校冰雪教学与训练使用，希望能够与社会公共场馆达成资源互补的合作状态。还会组织社会优秀教练员和退役运动员免费进校指导，这些合作的达成助力校园冰雪运动的发展。从校校合作来看，最终目的是促进学校冰雪运动资源共享。在典型经验中，有学校提到，"学校领导又积极联系相关部门和兄弟学校，筹措体育器械和运动器材，保证各项冰雪活动的顺利开展。（20200620-DX03）"还有学校提到，"＊＊体校＊＊＊校长赠送我校16副雪板和14副雪杖。（20200712-DX09）"学校之间还可以通过定期举办学校间友谊交流赛，交换冰雪运动教学与训练的方法经验，提高教师教学态度和学生训练态度和竞争意识，挖掘优秀冰雪运动人才。

———————————

[1]　柳鸣毅，龚海培，胡雅静，等．体教融合：时代使命·国际镜鉴·中国方案［J］．武汉体育学院学报，2020，54（10）：5-14.

[2]　张志强．校企合作存在的问题与对策研究［J］．中国职业技术教育，2012，04）：62-6.

5.2.3 激励共赢机制

激励机制是指根据人的内在需求或动机，运用一定的手段引导并激发人们对实现某种目标的欲望，进而通过一定的行为完成目标[①]。因此，在推动冰雪运动进校园工作中引入激励机制，特别是从家校合作角度出发，以学生为主体，根据学生心理特点建立激励共赢机制，这能够更加深入地激发和改变学生对冰雪运动的兴趣和态度，巩固家庭关系，建立家校联系，达到合作共赢。完善的激励机制主要包括物质激励与精神激励，二者要有机结合，才能发挥激励机制的最大作用。在物质激励方面，学校要做到通过不同的途径保证冰雪装备齐全，创造良好教学环境激发学生的参与动机，对参加各类比赛取得优异成绩的学生，可以采取必要的物质和竞赛奖励，作用和效果明显。在典型经验中"学校有支持学生参加比赛的经费，并对有成绩的教练和学生给予精神和物质奖励。单人奖励几百甚至上千元。"（20200724-DX13）激励机制的建立对于促进学生参与冰雪运动具有明显作用，对于家庭来讲，家长可以在家庭经济能力支持的前提下，满足学生参与冰雪运动所需装备，在必要的情况下能够负担学生参加冰雪活动或比赛所需的费用，减少学校负担和压力。"利用学校大课间、速滑社团、足球社团、黑板报、手抄报、征文等相关载体和活动，加大速度滑冰和足球知识、技能的普及力度。"（20200724-DX14）学校可以通过设立专题课堂讲述冰雪名人故事、播放精彩的冰雪赛事、宣传冬奥文化等方式改变学生对冰雪运动的态度，激发学生的参与热情，积极参加冰雪运动中去。

5.2.4 监督评价机制

监督评价机制是指监督主体对被监督对象的运行环节、过程进行监视、督促和评价管理，从而使结果与预期目标相符合[②]。2018年教育部、国家体育总局、北京冬奥组委关于印发《北京2022年冬奥会和冬残奥会

---

① 庞博韬，刘俊一．冰雪运动进校园的价值与实施路径 [J]．体育文化导刊，2019（1）：88-93.

② 程文广，冯振伟．中国青少年冰雪运动进校园：影响因素、推进机制与实践路径 [J]．体育科学，2020，40（07）：40-8.

中小学生奥林匹克教育计划》提出要建立监督小组将定期督促各项工作落实并予以通报①。首先，应建立以政府为主导的监督评价小组，制定完善的冰雪运动进校园相关政策和预期目标，通过委托第三方评估的方式进行监督评价。其次，学校应建立以学校为主导的分工明确的监督评价小组，强化目标导向和组织内部管理。典型经验中有学校提到，"学校组织的校园滑冰活动和比赛，由校园滑冰活动领导小组监督，采取定期检查与不定期抽查的形式监督校园滑冰活动开展情况。"（20200627-DX08）加强监督评价小组人员的职业素养，保证监督评价工作公平有序开展。最后，在评价内容方面，定期对教师进行教学技能考核，检视教师在教学能力和技能水平上存在的不足，提升教师主动提升自身业务水平的意识。在访谈中有学校领导表示，"可以将学校冰雪特色工作纳入教师岗位责任考核内容，按时落实，定期检查。"（20200610-XZ01）典型经验中也有学校提出"学校要务必做到'五个到位'，即按计划活动到位、方案总结到位、相关教师到位、参加活动学生到位、检查考核到位（20200625-DX06）"。通过监督和评价，能够使各级主体发挥主观能动性，对校园冰雪运动的发展起到推动作用。

5.2.5　风险管控机制

风险管控机制是指通过运用各种方法和措施，实现对风险有效甄别、管理和应对，进而保证参与主体能够有效规避风险。相对其他运动而言，冰雪运动发生运动伤害的风险更大，也是阻碍学校开展冰雪运动的重要因素之一。规避运动伤害风险需要多方参与，主要包括政府、学校、教师、家长以及学生自身。因此，应将多方参与的风险管控机制引入冰雪运动进校园工作中。其中，政府和学校应做到风险预判。在访谈中有领导提到，"我们学校平时参加比赛的时候，还有上课之前都会让家长签一个安全协议，也就是安全承诺书，学生是否自愿参加学校的冰雪活动，然后出现了意外如何负责，是需要家长和学校签承诺书的。比赛的时候，主办方和学校各出一份承诺书，比如说路上安全校方保障，但是到比赛单位需要学生

---

① 教育部等三部门关于印发《北京 2022 年冬奥会和冬残奥会中小学生奥林匹克教育计划》［Z］.2018-3.

一定要听老师的话，学生要约束自己并注意安全，多方面地做这种安全保障。"（20200822-XZ03）在制定冰雪制度和冰雪工作计划中应该预判其中存在的风险因素，并明确可能出现的风险因素及措施，做好应对准备。在学校中可以通过竖立安全标语、警示牌等方式提醒全校师生重视冰雪运动安全；教师、家长和学生应做到风险规避，教师作为教学主体，是整个教学过程的组织者，教师要确保学生的课堂安全。典型经验中有学校提出，"开展冰雪活动要遵循安全第一原则。加强学生安全教育，增强学生安全常识，提高自我保护能力，制定切实可行的安全措施、防范措施和应急措施，避免和杜绝意外事故的发生，要求体育教师安全教育每课必讲，安全工作不可忽视。"（20200706-DX11）在教学过程中，要明确告知学生冰雪运动的危险性以及如何避险，要时刻教育学生重视自身安全，树立高度的安全意识；家长作为学生的监护人，可以通过保险公司或者学校为学生购买意外保险，保障学生安全。典型经验中有学校提到，"在实施投保校方责任险的基础上，建议家长为学生购买意外伤害险。（20200608-DX01）"

5.3 基于体育联盟的冰雪教育资源共享机制研究

5.3.1 冰雪体育联盟内涵

冰雪体育联盟是执行冰雪体育教学与健身、培训与竞赛的学校体育全面合作的联合体。其核心是青少年冰雪体育各领域的全面合作与资源共享，它是冰雪教育资源共享的有效途径[①]。冰雪体育联盟包括教学联盟和竞赛联盟。联盟社会组织的性质和共享资源的本质与冰雪体育资源共享的理念一致，有利于发挥社会组织治理效能，有利于实现多中心供给模式和治理创新，有利于满足学生冰雪运动需求。

第一，政府、企业、社会组织是国家治理体系的有机组成部分，社会组织是社会治理的重要参与者和实践者，社会组织具有非政府性、非营利性、公益性与独立性等特征，决定了社会组织在学校体育治理体系占据重

---

① 南海燕. 学校体育运动联盟发展及其运行要素分析［J］. 青少年体育，2015，26（6）:18-20.

要地位①。冰雪体育联盟是执行冰雪体育教学与健身、培训与竞赛的学校体育全面合作的联合体，也是一种多主体参与的社会组织，其核心是青少年冰雪体育各领域的全面合作与资源共享，联盟以提供青少年体育服务产品，满足学生冰雪运动需求为宗旨②。从供求视角看，冰雪体育联盟主体包括政府、协会、学校、企业等多方主体，为学生提供高质量的冰雪人才培养、冰雪课程、健身与培训、竞赛与服务等需求侧产品，可以满足学生冰雪体育教学、活动和竞赛的需求，从而实现冰雪体育资源多主体、多中心供给模式。

第二，冰雪体育联盟也是一种体育教学联合体，通过促进包括冰雪体育课程、课外活动、场馆、师资等资源的共享，解决强化冰雪体育课和课外锻炼的问题，从而实现学校体育"教会"和"勤练"的目标。

第三，冰雪体育竞赛联盟可以提供更加丰富的冰雪体育竞赛产品和服务，依托联盟优化整合学校和社会冰雪体育竞赛资源，开展多层次的学生冰雪体育竞赛，为学生创造展示竞技能力的舞台，从而实现学校体育"常赛"的目标。此外，联盟还有利于实现体育教师资源的共享、体育课程资源的联合开发与共享、体育场馆设施的开放与共享。确保校园冰雪运动健康发展。

5.3.2　冰雪体育联盟章程

课题组参照学校体育联盟章程，提出冰雪体育联盟章程内容。冰雪体育联盟章程是明确联盟性质、宗旨、目标、组织、职责、义务和权利等指导性文件，为实现场馆互享、教师互聘、课程互选、学分互认的跨校合作提供保障机制和运行策略（刘玉，2013）。内容应包括总则、组织、职责、义务和权利、附则等几大部分。总则，是明确冰雪体育联盟的性质、宗旨、目标等，体育联盟是由学校、学生协会、企业自愿组成的冰雪体育教学与竞赛的协作组织；宗旨，是以共建、共享的发展理念为指导，整合学校和社会冰雪体育资源，逐步实现校际场馆互享、教师互聘、课程互选、

① 王凯．体育社会组织参与体育治理的主体困境与建构路径［J］．体育学刊，2020，27（6）:51-56.
② 刘玉，朱毅然．新时代中国体育治理的经验审视、时代使命与改革重点［J］．天津体育学院学报，2021，36（1）:1-11.

学分互认、信息互通，构建多领域高水平的跨校合作模式；组织，是明确联盟组织机构和运行方式，组织机构可设立联盟管理委员会和领导小组，联盟领导小组下设专项工作组，专项工作组是冰雪体育教学、场馆资源、学生竞赛、教师资源共享等具体工作机构，专项工作组由各成员学校和企业部门负责人组成，负责处理联盟范围内的日常工作；职责，是明确联盟管理委员会、领导小组、专项工作组的主要职责；义务与权利，是明确联盟成员学校和参与单位的义务和权利；附则是明确章程施行日期、范围与解释权等。建议参与主体按上述原则和内容建立章程文本和运行机制（见附录）。

5.3.3 冰雪教育资源共享机制理论模型

冰雪教育资源共享可以解决学校资源配置不均的问题，基于体育联盟的冰雪教育资源共享机制就是要明确政府、学校、家庭、社会等参与方的角色和作用以及作用的方式，是有效解决学校体育资源配置的实现路径和方式。其理论模型如图 5-5 所示，联盟主体包括学校、社会、协会和家庭，资源包括师资、课程、场馆、竞赛和信息，机制包括冰雪教师培训与共享、冰雪课程开发与共享、冰雪场馆共建与共享、冰雪竞赛资源整合，体育信息管理平台共建与共享，冰雪教育资源共享的安全，运动机制就是明确理论模型中的相关变量和作用方式。

1. 冰雪教师培训与共享

冰雪教师是青少年冰雪体育发展的重要保障，教师的数量和质量很大程度上制约校园冰雪运动的发展。调查显示，教师中能教授冰雪项目的人数基本满足当前需求，但是兼职教师比例较大，中小学校兼职教师占48.2%，高等学校占 15.6%，这些兼职教师来源有两个渠道：一是体育教师从其他项目转到冰雪项目上来，二是其他学科教师、班主任或辅助员兼职冰雪教师。这就导致冰雪教师专业技能水平参差不齐，需要加强冰雪技能培训。冰雪体育联盟依托资源丰富的学校或企业开展冰雪师资培训，从而扩大冰雪专项教师规模，提升教师教学水平和能力。除了教师培训机制外，还需要建立冰雪教师互聘办法，建立配套的教师遴选聘用、考核与业绩分配办法等，实现权、责、利的统一，保障联盟内冰雪教师互聘共享的有效运行，共享优质师资资源开展校园冰雪运动教学与训练，教师互聘除了从区域内学校间聘用外，还可以通过政府购买服务的方式从联盟中的冰雪企业教练员中选聘。

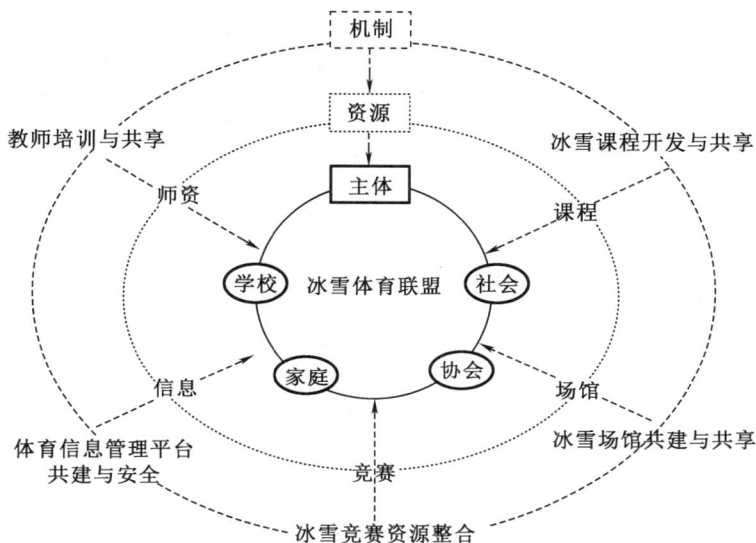

图 5-5　冰雪教育资源共享机制理论模型

2. 冰雪课程和活动开发与共享

冰雪课程资源开发要充分利用黑龙江省得天独厚的冰雪体育资源优势，突出地方和学校特色，开发速度滑冰、短道速滑、花样滑冰、冰球、冰壶、冰舞等冰上课程；以及开发高山滑雪、越野滑雪、单板滑雪、高山速降、雪地摩托、雪地、滑道、滑轮胎等雪上户外项目；中小学校还可以将打雪仗、滚雪球、跳冰砖、拉冰爬犁、抽冰尜等游戏融入冬季体育课程或大课间活动中，形成学校特色的冰雪游戏课程资源。调查显示多数学校以冰上课程和雪上活动为主，并且还有许多学校未能开设冰雪课程；因此，在共享学校间冰雪场馆和师资资源的基础上，还可以共享本校的特色冰雪课程和活动资源，从而满足学生参与冰雪运动的需求。共享这些课程资源的途径，一是可以建立冰雪类慕课、网络课程实现课程资源共享，二是建立学校间的学分互认机制，共享冰雪场馆和课程资源，保障和促进冰雪课程的互选和共享。

3. 冰雪场馆共建与共享

加强校际和校企之间联合，实现冰雪场馆资源的共建共享。建立冰雪体育联盟场馆资源共享平台，联合雪场、冰场等合作方，按照地域划分若干区域，协调利用周边场馆资源，实现冰雪场馆资源的共享。针对学生冬季以冰上运动为主的特点，学校如果不具备浇冰条件，可以将周边学校的冰场资源进行有效利用，实现联盟内相邻院校冰场资源的共享，为学生开设冰上课程与活动；而滑雪课的开设则更应采取政府购买服务的方式共享社会雪场资源，利用周边地区的滑雪场，开设滑雪课教学和体验式活动。

教育部、国家体育总局出台《关于推进学校体育场馆向社会开放的实施意见》为学校体育资源共享提供政策保障。意见提倡由多部门、多领域通力合作，各尽其责，搭建学校体育资源和社会共享平台，确保学校体育资源和社会资源共享落地生根，不增加学校的管理成本，扫除学校参与的顾虑。

4. 冰雪竞赛资源整合

黑龙江省的青少年冰雪竞赛资源丰富，每年举办全省学生冬季运动会和各地市学生冬季运动会，此外连续承办全国青少年冬季阳光体育大会，全国 U 系列锦标赛等青少年冰雪赛事。但是，许多竞赛存在部门间壁垒，参赛人数和规模无法满足青少年冰雪运动的需求，尤其是学校组织的冰雪竞赛。冰雪体育联盟的主体除了包括学校和社会，还包括学生体育协会和体育行政部门等，联盟可以打破部门间的壁垒，将冰雪竞赛资源进行整合，充分发挥冰雪特色学校的带动作用，为学生提供校内和校际常态化竞赛，使更多的学生参与到冰雪竞技运动中来，体验冰雪运动的时尚魅力。

5. 体育信息管理平台共建与安全

体育信息管理平台建设是将体育资源进行数字化管理的过程（王珂，2019），冰雪师资、课程与活动、场馆等教育资源的共享，都要依托体育信息管理平台，没有平台支撑很难实现上述资源的共享。因此，学校需要将体育信息数字化纳入数字化校园建设中，并且建立体育信息数字化规范和标准，从而实现校际的互联、互通和共享。此外，还要建立冰雪教育资源共享的安全机制。学校要建立由主管校长、学校体育部门、学生工作部门、教师和学生共同承担的校园冰雪运动风险管理办法。增强学校风险管理意识和能力，提高教师和学生的伤害应急处置和救护能力；同时完善校方责任险，探索建立涵盖冰雪运动意外伤害的学生综合保险机制，鼓励联盟学校试点推行学生体育安全事故第三方调解办法。

5.3.4　区域性冰雪体育联盟的构建

冰雪体育联盟构建过程就是破除青少年冰雪教育资源共享制度障碍的改革过程，是建立有利于青少年冰雪体育资源共享机制的过程。依托大学城建立冰雪体育联盟，开展区域性冰雪体育资源共建共享是当前最佳的路径选择。其原因有三点。

一是冰雪体育场馆设施投资大、维护成本高，共建和共享场馆资源是当前高校体育发展的首选之策。中国各大城市相继推出大学城建设，据不完全统计，中国已经有北京、上海、广州、南京、沈阳、西安、哈尔滨等城市的 50 多座大学城，未建设大学城的地区，在城市规划和建设中也有高校相对集中的教育区域，这些地区都形成了具有聚集和扩散功能的城市社区，有利于共建共享冰雪场馆资源，有利于学生就近参与冰雪运动。

二是大学城内的学校体现了办学集约化、格局开放化、功能城市化、资源共享化等办学理念，有些大学城已经共建共享体育场馆资源①，这与冰雪体育联盟发展理念高度契合，有利于形成多中心供给模式，有利于优质体育资源的共建共享②。

三是大学城内的高校开展冰雪体育联盟的先行先试，形成校园冰雪运动的"增长极"，这种极化效应可吸引政府和体育部门直接加入，或采取政府购买服务的方式联合体育协会、冰雪企业等供给主体加入，从而整合形成资源配置多元化体系，包括共享的师资（教练员）互聘、场馆互享机制等，从而打破冰雪体育资源共享的行业壁垒③，共同为学生提供丰富的冰雪体育资源，促进青少年冰雪运动的持续发展。

课题组一直推动建立区域体育联盟工作，建立了黑龙江省冰雪体育联

---

① 黄晨曦，张宏成．江苏大学城体育服务体系构建设想［J］．体育文化导刊，2008（12）:81-83.

② 蔡琳，石晶．冬季特色体育课程资源开发渠道与优化策略:以黑龙江省为例［J］．黑龙江高教研究，2010，（12）:169-170.

③ 程宇飞．中国冰雪运动进校园经验及发展策略［J］．体育文化导刊，2020（6）:33-39.

盟公众号，由于疫情影响校园冰雪运动开展，加之冰雪体育联盟成立涉及
面很多，还涉及行政授权等问题，哈尔滨市江北大学城区域冰雪体育联盟
未能成立。

第六章 研究的创新性与局限性

6.1 研究的创新性

6.1.1 视角创新

本研究直面冰雪教育资源共享的制度障碍和行业壁垒问题，将"依托体育联盟促进冰雪教育资源共享"作为研究的逻辑起点，研究视角务实新颖。从供给侧改革的角度，研究青少年冰雪体育资源共享的要素，建立区域性冰雪体育联盟及运行机制，为学生提供高质量的冰雪课程与活动、健身与培训、竞赛与服务等产品，满足青少年冰雪运动需求。提出的冰雪运动推进体育强省建设的机制与路径，也是校园冰雪运动高质量发展和体育强省建设的实现路径之一。具体地讲，推动青少年冰雪体育发展的供给侧是指场馆、师资、资金和政策创新四大要素，需求侧是指课程与活动、健身与培训、竞赛与服务的"三架马车"。供给侧改革就是破除青少年冰雪体育资源共享制度障碍的过程，实施过程中要处理好青少年冰雪体育服务的供给方式、供给能力和需求三者之间的关系，形成政府扶持、协会引导、学校主体、企业参与的多中心供给模式，这是供给侧改革的关键要素，也是体制机制创新和提升治理能力的过程，要打破场馆、师资、资金等关键要素并重新组合，从而实现要素整合与政策创新，为青少年学生提供丰富的冰雪体育资源和服务产品，完善青少年冰雪体育服务体系，推进体育强省建设。

6.1.2 理论探索

冰雪教育资源共享机制是明确政府、学校、企业和协会等参与方应该扮演的角色和发挥的作用以及作用的方式，从具体工作实际中和扎根基层进行的研究，探索出的青少年冰雪教育资源共享机制和冰雪运动推进体育强省建设的机制与路径相关理论。这些理论是中国式体育现代化推进体育强国建设的话语体系和解释框架，也是对新时代青少年冰雪体育发展的中国经验进行的有益探索。

6.1.3 实践创新

从参与实际工作的局内人和研究者局外人双重视角，提出基于体育联盟的青少年冰雪体育资源共享机制及实施策略，可以为政府和教育行政部门提供决策依据，创建了冰雪体育联盟公众号和微信群，为加强学校之间交流提供了平台和渠道，这也是本研究的实践创新之处。为教育行政部门和学校有序开展改革和实践提供实践指导，从而推动校园冰雪运动的普及与发展。

6.2 研究的局限性

本课题虽然取得了一些有意义的研究结果，由于研究能力和时间的限制，这项研究的抽样调查的样本量和代表性有一定的局限性。研究结论不能代表整体的态度和观点。这种局限性一定程度上影响了研究结论的稳定性和推广价值。为了解决这个问题，建议后续研究采取扩大抽样调查的样本量，采用实地调研、深度访谈等多种方法，这些方法可以帮助研究人员更全面地了解研究对象和解决研究问题，从而得出更准确、更全面的结论。

虽然这项研究有其局限性，但并不意味着它没有价值。相反，这项研究仍然具有重要的意义，可以作为未来研究的基础。通过加强研究的方法和过程，我们可以更好地了解受众的需求和心理，为企业和政府等决策者提供更准确的参考依据。此外，由于课题组研究能力和时间有限，抽样调查的样本量和代表性有限，所得结果仅代表受访者的研究结果，在一定程度上影响了研究结论的稳定性和推广价值，建议后续研究加以考虑。

参 考 文 献

[1]　魏玲玲．对中国冰雪运动可持续发展问题的思考［J］．冰雪运动，2006（6）：51-54.

[2]　宋文利，姚小林，李智鹏，等．大众冰雪体育发展的困境与突破［J］．冰雪运动，2019，41（3）：45-52.

[3]　董少伟，于雷．黑龙江省普通高校开展冰雪运动课程的研究［J］．冰雪运动，2004（3）：69-71.

[4]　张大春，邹积恒，梁策．黑龙江省高校冰雪体育课程内容资源现状调查与分析［J］．冰雪运动，2015，37（2）：55-63.

[5]　程文广，冯振伟．中国青少年冰雪运动进校园：影响因素、推进机制与实践路径［J］．体育科学，2020，40（7）：40-48.

[6]　马毅，吕晶红．中国备战2022年冬奥会重点项目后备人才培养问题探究［J］．体育科学，2016，36（4）：3-10.

[7]　张昌盛，王向东，王松．冬奥会背景下校园冰雪运动发展的当代困境与消解［J］．冰雪运动，2018，40（4）：63-71.

[8]　张德利，宋忠成．打造冰雪运动精品课程 彰显学校品牌特色：抚顺市中小学"冰雪进校园"活动的研究报告［J］．辽宁教育，2020（5）：45-53.

[9]　刘义峰，李冰，穆亮．北京冬奥会背景下黑龙江省高校冰雪运动发展路径［J］．哈尔滨体育学院学报，2020，38（2）：38-43.

[10]　李本源．不同学段衔接的体育课程研究领域与实践方向［J］．广州体育学院学报，2017，37（3）：114-120.

[11]　李慧茹．新课程理念下北方冬季体育课程内容改革的探讨［J］．冰雪运动，2007（2）：63-64.

[12]　孙光，彭延春，杨桂志．中国学校体育各学段教育、教学现状及相互衔接问题［J］．烟台师范学院学报（自然科学版），2004（2）：

148-151.

[13] 刘巍，于杨，夏光．借大冬会机遇促进中国冰雪体育事业多元化发展 [J]．冰雪运动，2008，30（6）：67-70.

[14] 任玉梅，刘涛．冰雪体育后备人才制约因素及发展对策 [J]．冰雪运动，2013，35（6）：36-40.

[15] 张丽军．青少年参与冰雪运动现状、风险防范与保障机制 [J]．冰雪运动，2018，40（2）：37-40，79.

[16] 卢德文．青少年冰雪体育参与约束因素及对策 [J]．冰雪运动，2017，39（6）：37-40.

[17] 韩会君，陈建华．生态系统理论视域下青少年体育参与的影响因素分析 [J]．广州体育学院学报，2010，30（6）：16-20.

[18] 刘罡．冰雪运动人才储备战略布局思考：基于2018韩国平昌冬奥会视角 [J]．南京体育学院学报（社会科学版），2017，31（3）：76-80.

[19] 蒋强，王平．举办大冬会对黑龙江省冰雪运动后备人才培养的影响 [J]．冰雪运动，2008（1）：48-50.

[20] 王爱丰，王正伦，王进．以市场需求为导向的社会体育专业人才培养模式的探索与实践 [J]．南京体育学院学报（社会科学版），2009，23（2）：31-33.

[21] 荆维玲．中国竞技体育后备人才培养现状分析 [J]．南京体育学院学报（社会科学版），2013，27（1）：86-94.

[22] 阳煜华．酷文化的新表征:青少年冰雪运动参与的亚文化解读 [J]．体育与科学，2019，40（4）：73-82.

[23] 刘志民，虞重干，刘炜．竞技体育可持续发展的评价指标体系 [J]．体育学刊，2002（1）：15-24.

[24] 刘伟．体育可持续发展系统及指标体系构建 [J]．天津体育学院学报，2009，24（4）：314-322.

[25] 梁伟，刘新民．校园足球可持续发展系统的构建与解析 [J]．西安体育学院学报，2015，32（3）：380-384.

[26] 张宏，陈琦，龚建林．文化生态学视野下南部沿海区域体育可持续发展评价的研究 [J]．体育学刊，2010，17（8）：22-27.

［27］ 蒲鸿春．基于熵值法的校园足球可持续发展评价体系构建研究：以四川省校园足球为例［J］．成都体育学院学报，2017，43（3）：115-120．

［28］ 马茜桦．可持续发展评价指标体系的设计［J］．统计与决策，2006（3）：3-6．

［29］ 曹斌，林剑艺，崔胜辉．可持续发展评价指标体系研究综述［J］．环境科学与技术，2010，33（3）：99-105．

［30］ 夏崇德，陈颇，殷樱．竞技体育可持续发展的综合评价体系研究［J］．北京体育大学学报，2007（11）：1564-1570．

［31］ 张廷晓，于文谦．非奥运项目可持续发展评价指标体系构建研究［J］．武汉体育学院学报，2018，52（10）：88-94．

［32］ ANDERSON G R M，HEATH P S，MICHAEL J．Epidemiology of injuries in ice hockey［J］．Sports health，2019（11）：6．

［33］ EMERY C D，LUZBLACK，AMANDA M．Does disallowing body checking in non-elite 13-to 14-year-old ice hockey leagues reduce rates of injury and concussion? A cohort study in two Canadian provinces［J］．British journal of sports medicine，2020（54）：7．

［34］ HICKLE J，WALSTRA F，DUGGAN P，et al．Dual-energy CT characterization of winter sports injuries［J］．The British journal of radiology，2020（93）：1106．

［35］ CHOI，CHEONG R H，CHUL M．Economic changes resulting from Seoul 1988：implications for London 2012 and future games［J］．The international journal of the history of sport，2013，30（15）：1854-1866．

［36］ 阚军常，姜立嘉．中韩两国冰雪体育软实力对比研究［J］．沈阳体育学院学报，2013，32（1）：125-133．

［37］ 段天龙，刘天宇，葛男．韩国冰雪竞技体育人才培养体系的研究［J］．冰雪运动，2018，40（1）：42-47．

［38］ 李冰．当代日本体育价值观分析［J］．体育文化导刊，2011（10）：151-153．

［39］ 杜栋，庞庆华，吴炎．现代综合评价方法与案例精选［M］．2版．

北京：清华大学出版社，2008.

[40]　孙雪微，谭裕林，赵培禹，等．黑龙江省冰雪特色学校现状调查与提升对策［J］．冰雪运动，2022，44（3）：64-73.

[41]　CARSON R．寂静的春天［M］．吕瑞兰，译．北京：科学出版社，1979.

[42]　MEADOWS，H．D，E A. The limits to growth［M］．London：Universe Books，1972.

[43]　梁伟．校园足球可持续发展的系统分析与评价研究［D］．上海：上海体育学院，2015.

[44]　孙辉，刘冬磊，王子朴．中国式现代化视域下冰雪产业高质量发展：基础、使命与路径［J］．沈阳体育学院学报，2023，42（2）：9-16.

[45]　程文广．义务教育阶段体育课程评价的中国式现代化建设路径［J］．沈阳体育学院学报，2023，42（2）：25-32.

[46]　陈丛刊，杨远波．中国式现代化新道路与全面推进体育强国建设［J］．成都体育学院学报，2023，49（2）：37-44.

[47]　尤传豹，高亮．中国式现代化进程中体育强国建设［J］．体育学研究，2023，37（1）：2.

[48]　王健，崔耀民，刘玉财．加快建设体育强国的战略选择：优先发展学校体育［J］．天津体育学院学报，2023，38（1）：1-8.

[49]　赵富学．中国式现代化视域下体育助推中华民族伟大复兴的内涵拓展及路向探索［J］．天津体育学院学报，2022，37（6）：650-657.

[50]　朱伟耿，王凯，车冰清．新时代体育强省建设理论与实践［M］．北京：科学出版社，2019.

[51]　刘波，王松，于思远．中国式现代化背景下中国大学体育高质量发展的内在逻辑、主要矛盾与实践路径［J］．武汉体育学院学报，2023，57（2）：5-11.

[52]　李鉴．中国式现代化体育发展新道路是体育强国建设的必由之路［J］．武汉体育学院学报，2023，57（2）：12-18.

[53]　王琪，李经展，夏冉．中国式现代化赋予学校体育高质量治理的

新价值、新理念及新路径［J］．北京体育大学学报，2023，46（1）:67-78.

［54］ 赵富学．中国式现代化视域下体育助推中华民族伟大复兴的内在逻辑与独特优势［J］．北京体育大学学报，2023，46（1）:13-23.

［55］ 刘纯献，刘盼盼，苏亮．中国式现代化进程中体育现代化的本质内涵、战略路径与价值意蕴［J］．北京体育大学学报，2023，46（1）:24-31.

［56］ 布特，万斌，邹新娴．基于中国式现代化的体育现代化哲学分析［J］．北京体育大学学报，2023，46（1）:56-66.

［57］ 崔乐泉，马学智．中国式现代化体育发展道路的四次历史性跨越及其经验启示［J］．北京体育大学学报，2023，46（1）:1-12.

［58］ 黄亚玲，李聿铭．全民健身与奥运争光均衡发展的中国式现代化体育之路［J］．北京体育大学学报，2023，46（1）:41-55.

［59］ 陈宁，陈丛刊．中国式现代化引领体育强国建设［J］．北京体育大学学报，2023，46（1）:32-40.

［60］ 陈丛刊．全面建设现代化体育强国的逻辑进路、内涵特征与实践方略［J］．西安体育学院学报，2023，40（1）:1-9.

［61］ 陈凯华．中国式体育现代化与体育强国建设的理论依托［J］．体育与科学，2023，44（1）:24-29.

［62］ 黄汉升．全面提高体育人才自主培养质量，加快建设体育强国［J］．武汉体育学院学报，2023，57（1）:5-13.

［63］ 李树旺，金子微，张荣子．新时代"中国式现代化体育"的新价值与新路向［J］．武汉体育学院学报，2023，57（1）:14-19.

［64］ 赵富学．中国式现代化视域下体育助推中华民族伟大复兴的支点架构与路径铺展［J］．武汉体育学院学报，2023，57（1）:20-26.

［65］ 陈宁．高质量全民健身是体育强国建设的基石［J］．成都体育学院学报，2023，49（1）:1-5.

［66］ 张欣．中国式现代化竞技体育强国：内涵特质、原则遵循与实践路径［J］．天津体育学院学报，2022，37（6）:621-625.

［67］ 黄海燕．中国式现代化进程中的体育产业：发展趋势与变革路径
［J］．西安体育学院学报，2022，39（6）:526-536.

［68］ 王广虎，冉学东．中国式现代化体育发展的理论基础与观念更新
［J］．北京体育大学学报，2022，45（12）:1-11.

［69］ 曲洪刚，万炳军．体育强国建设的新历史方位、现代化内涵及其
历史动力［J］．北京体育大学学报，2022，45（12）:12-23.

附　　录

附录 A　冰雪特色学校发展情况调查问卷
（学校负责人）

您好！

为全面了解和掌握黑龙江省冰雪特色学校的发展建设情况，充分发挥特色学校的带动作用，推进冰雪运动进校园工作，特设计此调查问卷。本问卷采取匿名制，问卷答案没有对错之分，调查结果仅供本次学术研究使用，您的回答对本研究十分重要，感谢您的支持和帮助！

填表说明：本问卷分为填空题、选择题和开放题三种形式；请您在认为合适的选项前面"□"内打"√"，或直接在"＿＿＿＿"上填写。

1. 贵校所在地市

□ 哈尔滨市

□ 齐齐哈尔市

□ 牡丹江市

□ 佳木斯市

□ 大庆市

□ 绥化市

□ 伊春市

□ 黑河市

□ 七台河市

□ 鸡西市

□ 鹤岗市

□ 双鸭山市

□ 大兴安岭地区

2. 学校名称：＿＿＿＿＿＿＿＿＿＿＿＿＿＿＿

3. 贵校哪一年被认定为省级冰雪特色学校？

☐ 2017 年

☐ 2018 年

☐ 2019 年

4. 贵校是否是全国冰雪运动特色学校或奥林匹克示范学校？

☐ 是

☐ 否

5. 贵校具体负责冰雪运动的是哪个部门？

☐ 体育组（或教研室）负责

☐ 专门工作小组负责

☐ 无确定部门

☐ 其他

6. 贵校参与冰雪运动的教师类型有哪些？（多选）

☐ 学校领导

☐ 体育教师

☐ 班主任

☐ 科任教师

☐ 辅导员

☐ 其他

7. 贵校关于冰雪特色学校建设的相关文件或制度有哪些？（多选）

☐ 冰雪课教学大纲

☐ 冰雪课教学进度

☐ 校内外冰雪活动计划

☐ 大课间冰雪活动计划

☐ 冰雪竞赛计划

☐ 冰雪竞赛奖励政策

☐ 冰雪教师培训计划

☐ 安全及保障方案

☐ 其他

8. 贵校每年用于冰雪场地、教学和活动的全部经费是多少？

☐ 5 000 元以下

☐ 5 001~20 000 元

☐ 20 001~50 000 元

☐ 50 001 以上

9. 经费投入到下列哪些方面？（多选）

☐ 场地与器材

☐ 教学与活动

☐ 训练与竞赛

☐ 奖励

☐ 保险

☐ 其他

10. 贵校在浇冰场和器材方面分别投入多少经费？

浇冰场投入（单位：元）＿＿＿＿＿＿＿＿＿＿＿＿＿＿＿＿

器材投入（单位：元）＿＿＿＿＿＿＿＿＿＿＿＿＿＿＿＿

11. 贵校冰雪运动开展的形式和途径有哪些？（多选）

☐ 冰雪体育课

☐ 冰雪知识讲座和竞赛

☐ 冰雪课余训练

☐ 冰雪大课间

☐ 冰雪体育节

☐ 冰雪家庭作业

☐ 校冬季运动会

☐ 冰雪趣味活动

☐ 优秀运动员进校指导

☐ 其他

12. 贵校冰雪活动经费的来源有哪些？（多选）

☐ 学校事业经费

☐ 学校自筹经费

☐ 上级政府部门

☐ 特色学校专项

☐ 社会赞助经费

☐ 其他

13. 贵校保障学生冰雪运动的安全措施有哪些？（多选）

☐ 设立专门的安全机构并有相应预案

☐ 安排专人负责

☐ 课前或活动前开展安全排查

☐ 设立安全标志和提示牌

☐ 要求学生佩戴护具，讲解冰雪运动安全常识及告知语

☐ 要求学生购买相关保险

☐ 配备专门医护人员

☐ 课前或活动前要求学生做好准备活动

☐ 其他

14. 关于师资队伍情况，请填写以下信息（多项填空题）：

贵校承担冰雪教学和课外活动的教师人数：_____人，其中，专职体育教师：_____人，校外兼职教师：_____人，班主任（或辅导员）：_____人，其他：_____人。

15. 教师年龄结构情况（多项填空题 ＊必答）

体育教师年龄分布情况：20～30 岁_____人，31～40 岁：_____人，41～50 岁：_____人，51 岁以上：_____人。

16. 体育教师职称情况（多项填空题）

体育教师年龄分布情况：（小学）三级教师：_____人，二级教师：_____人，一级教师：_____人，高级教师：_____人，其他：_____人。

17. 体育教师学历情况（多项填空题）

体育教师学历情况：博士：_____人，研究生：_____人，大学本科：_____人，大学专科：_____人，其他：_____人。

18. 近两年，贵校冰雪教师的培养和引进方式有哪些？（多选）

☐ 无

☐ 人才引进（招聘毕业生）

☐ 学校内部培训

☐ 外聘其他学校教师

□ 外聘社会人员兼职

□ 外聘优秀退役运动员

□ 其他

19. 贵校教师获取冰雪运动知识的途径有哪些？（多选）

□ 国家组织的冰雪培训

□ 省市组织的冰雪培训

□ 学校组织的相关培训

□ 社会机构组织的培训

□ 教师自学

□ 其他

20. 影响贵校教师参加冰雪技能培训的主要因素是什么？（多选）

□ 无法获得培训信息

□ 冰雪培训组织和机构少

□ 教师不愿参加

□ 培训费用高

□ 培训机构没有权威性

□ 教学任务重、时间冲突

□ 没有培训费用

□ 其他

21. 关于场地与设施情况，请填写以下信息。（多项填空题）

贵校可使用冰雪场地数量：_____块，面积约：_____ m²，其中，学校自建：_____块，面积约：_____ m²；租借：_____块，面积约_____ m²，租赁费用：_____元。

22. 贵校冰雪场地类型是下列哪种？（多选）

□ 校内自浇小冰场

□ 校内 400 m 跑道冰场

□ 利用校内自然冰场或雪场

□ 利用社会公共冰雪场地

□ 租借校外冰雪场地

□ 其他

23. 学生冰雪体育课和课外活动器材由下列哪些途径提供？（多选）

☐ 学校免费提供

☐ 学生自备

☐ 学校提供一部分，不足部分学生自备

☐ 校内租借

☐ 校外租借

24. 贵校冰雪场地对学生开放属于下列哪种情况？（多选）

☐ 仅对本校学生免费开放

☐ 对本校及外校学生免费开放

☐ 对学生有偿开放

☐ 对社会有偿开放

☐ 其他

25. 关于冰雪体育课与课外活动，请填写以下信息（多项填空题）：

这一冰期，贵校学生冰雪体育课（不包括大课间等课外活动）每周_____次课，开设_____周课，共计学时数_____学时。

26. 冰雪体育课是否有考核？

☐ 是

☐ 否

27. 冰雪体育课是否有教材？

☐ 是

☐ 否

28. 冰雪体育课开设的项目有哪些？（多选）

☐ 滑冰

☐ 滑雪

☐ 冰球

☐ 花样滑冰

☐ 冰壶

☐ 仿冰、仿雪

☐ 雪地足球

☐ 冰雪娱乐项目

☐ 其他冰雪竞技项目

29. 冰雪体育课时长是下列哪种？

□ 30 分钟以下

□ 31~45 分钟

□ 46~90 分钟

□ 91 分钟以上

30. 冰雪课外活动的主要内容和项目有哪些？（多选）

□ 滑冰

□ 滑雪

□ 冰球

□ 花样滑冰

□ 冰壶

□ 冰杂

□ 爬犁

□ 冰滑梯

□ 雪地足球

□ 冬季长跑

□ 其他娱乐项目

□ 其他竞技项目

□ 无

31. 学生参与冰雪课外活动的主要形式有哪些？（多选）

□ 冰雪训练和比赛

□ 冰雪趣味活动和比赛

□ 冰雪大课间

□ 知识讲座和竞赛

□ 家庭冰雪体育作业

□ 校园冰雪节

□ 其他

32. 关于课余训练与竞赛，请填写以下信息（多项填空题）：

贵校有_____个冰雪类兴趣活动小组；_____个冰雪类学生体育协会或俱乐部。贵校有_____支冰雪代表队，项目分别是_____。

33. 冰雪代表队每周训练次数是下列哪种？

☐ 0 次/周

☐ 1~3 次/周

☐ 4~5 次/周

☐ 每天训练

☐ 赛前集训

34. 冰雪代表队每次训练时长是下列哪种？

☐ 45 分钟以内

☐ 46~60 分钟

☐ 61~90 分钟

☐ 91 分钟以上

35. 贵校每年举办几次冰雪类竞赛？

☐ 0 次/年

☐ 1~2 次/年

☐ 3~5 次/年

☐ 6 次以上/年

36. 贵校每年举办的冰雪竞赛（或校园冰雪节）项目有哪些？（多选）

☐ 校冬季运动会

☐ 冰雪趣味比赛

☐ 滑冰比赛

☐ 滑雪比赛

☐ 冰球比赛

☐ 冰雕雪雕比赛

☐ 雪地足球

☐ 冰雪文化知识竞赛

☐ 其他

37. 贵校近两年是否派学生参加省、市级学生冬季运动会？

☐ 是

☐ 否

38. 贵校是否已经与其他学校或体育部门建立冰雪人才输送关系或渠道？

☐ 是

☐ 否

39. 贵校冰雪后备人才的培养方式有哪些？（多选）

☐ 校内训练

☐ 各级业余体校训练

☐ 校外社会机构训练

☐ 其他

40. 贵校开设冰雪课程和活动有多长时间了？

☐ 1～2 年

☐ 3～5 年

☐ 6～9 年

☐ 10 年以上

41. 贵校还有哪些特色冰雪文化活动？（多选）

☐ 冰雕

☐ 雪雕

☐ 冰雪节

☐ 冰雪绘画摄影

☐ 冬奥知识竞赛

☐ 其他

42. 贵校通过什么形式宣传特色学校冰雪活动情况？（多选）

☐ 张贴标志语、海报

☐ 冰雪讲座

☐ 校园网发布信息

☐ 微信公众号推送信息

☐ 联合周边学校共同开展

☐ 其他

☐ 无

43. 冰雪特色学校对贵校的带动作用是否明显？

☐ 非常明显

☐ 明显

☐ 一般

☐ 不明显

☐ 非常不明显

44. 影响贵校冰雪特色学校建设的因素有哪些？（多选）

☐ 场地因素

☐ 器材因素

☐ 师资因素

☐ 政策因素

☐ 经费因素

☐ 气候因素

☐ 学生因素

☐ 其他

45. 您希望在下列哪些方面得到支持？（请排序）

_____场地

_____器材

_____师资

_____政策

_____经费

_____其他（　　　）

46. 您对国家推出的冰雪运动进校园政策的了解程度如何？

☐ 非常了解

☐ 了解

☐ 一般

☐ 不了解

☐ 非常不了解

47. 关于冰雪运动进校园，请填写您的问题和建议：

_____

_____

_____

附录 B　冰雪运动特色学校评价指标体系专家咨询表
（表附 B-1 至表附 B-3）

表附 B-1　专家咨询表（第二轮）

一级指标	二级指标	三级指标
A 教学与课外活动	A1 课堂教学（新增）	A11 冬季每周开设冰雪体育课课时数（新增）
		A12 体育课开设的冰雪项目数量（新增）
	A2 课外活动	A21 课外活动的保障水平
		A22 冰雪课外活动学生参与比例
		A23 每年举办冰雪竞赛与文化活动次数
		A24 冰雪项目学生体育社团数量
	A3 教学成效	A31 学生体质健康标准合格率
		A32 学生掌握冰雪运动技能情况
		A33 冰雪项目校本课程数量
B 训练与竞赛	B1 校内竞赛	B11 校内竞赛项目及数量
		B12 学生参加校内竞赛的比例
	B2 校外竞赛	B21 学生校外竞赛参加的项目
		B22 参加校外竞赛次数（人次）
		B23 冰雪项目后备人才项目及数量
	B3 课余训练	B31 冰雪项目训练队人数
		B32 冰雪项目训练队每周训练频次
C 条件保障	C1 安全保障	C11 安全标识牌完备
		C12 体育课护具佩戴率
		C13 学生运动意外险投保率
		C14 安全责任落实到个人
	C2 场地器材	C21 学生冰雪体育课器材满足需求
		C22 学校可使用冰场面积
	C3 人员保障	C31 教师课外指导计入工作量
		C32 每年教师培训人次
		C33 冰雪专项教师人数

表附 B-1 （续）

一级指标	二级指标	三级指标
C 条件保障	C4 资金保障	C41 学校体育经费量
		C42 冰雪项目专项经费量
		C43 社会赞助经费量
D 组织领导	D1 组织机制（保障机制）	D11 部门间的协同程度
		D12 管理机构设置的完备程度
		D13 规章制度的完善和执行力
	D2 激励机制	D21 教师的奖励政策（对有突出贡献的教师有奖励政策）
		D22 学生的激励政策（对有突出贡献的学生激励政策）

表附 B-2　一级指标评价表

指标属性	第一轮专家咨询结果		重要性（请勾选相应栏）				
一级指标	平均数	标准差	很重要	较重要	一般	较不重要	很不重要
A 教学与课外活动	5.00	0.00	○	○	○	○	○
B 训练与竞赛	4.93	0.26	○	○	○	○	○
C 条件保障	4.93	0.26	○	○	○	○	○
D 组织领导	4.87	0.35	○	○	○	○	○

补充与修改建议：

表附 **B-3**　二级指标评价表

指标属性		第一轮专家咨询结果		重要性（请勾选相应栏）				
一级指标	二级指标	平均数	标准差	很重要	较重要	一般	较不重要	很不重要
A 教学与课外活动	A1 课堂教学（新增）	—	—	○	○	○	○	○
	A2 课外活动	4.87	0.35	○	○	○	○	○
	A3 教学成效	4.87	0.35	○	○	○	○	○

补充与修改建议：

B 训练与竞赛	B1 校内竞赛	4.93	0.26	○	○	○	○	○
	B2 校外竞赛	4.87	0.35	○	○	○	○	○
	B3 课余训练	4.93	0.26	○	○	○	○	○

补充与修改建议：

C 条件保障	C1 安全保障	4.93	0.26	○	○	○	○	○
	C2 场地器材	4.93	0.26	○	○	○	○	○
	C3 人员保障	4.93	0.26	○	○	○	○	○
	C4 资金保障	4.93	0.26	○	○	○	○	○

补充与修改建议：

D 组织领导	D1 组织机制	4.93	0.26	○	○	○	○	○
	D2 激励机制	4.8	0.41	○	○	○	○	○

补充与修改建议：

附录 C 黑龙江省冰雪运动特色学校发展状况调查问卷

尊敬的老师：

您好。首先感谢您的支持，本课题现在正进行冰雪运动特色学校可持续发展方面的学术研究，请您根据黑龙江省冰雪运动实际发展情况对每个指标进行判断。

您个人的基本情况：

1. 职务：＿＿＿＿＿＿

2. 工作单位：＿＿＿＿＿＿

问卷填写方式：请您根据黑龙江省冰雪运动特色学校开展的实际情况对每个评价指标进行判断，在相应的空格里划"√"即可（表附 C-1）。

表附 C-1 黑龙江省冰雪运动特色学校发展状况调查问卷

指标 \ 评语	很好	好	一般	差	很差
1. 冬季每周开设冰雪体育课课时数					
2. 体育课开设的冰雪项目数量					
3. 课外活动的保障水平					
4. 冰雪课外活动学生参与比例					
5. 每年举办冰雪竞赛与文化活动次数					
6. 冰雪项目学生体育社团数量					
7. 学生体质健康标准合格率					
8. 学生掌握冰雪运动技能情况					
9. 冰雪项目校本课程数量					
10. 校内竞赛项目及数量					
11. 学生参加校内竞赛的比例					
12. 学生校外竞赛参加的项目					
13. 参加校外竞赛次数					
14. 冰雪项目后备人才项目及数量					
15. 冰雪项目训练队人数					

表附 C-1（续）

指标 / 评语	很好	好	一般	差	很差
16. 冰雪项目训练队每周训练频次					
17. 安全标识牌完备					
18. 体育课护具佩戴率					
19. 学生运动意外险投保率					
20. 安全责任落实到个人					
21. 学生冰雪体育课器材满足需求					
22. 学校可使用冰场面积					
23. 教师课外辅导计入工作量					
24. 每年教师培训人次					
25. 冰雪专项教师人数					
26. 学校体育经费量					
27. 冰雪项目专项经费量					
28. 社会赞助经费量					
29. 部门间的协同程度					
30. 管理机构设置的完备程度					
31. 规章制度的完善和执行力					
32. 教师的奖励政策					
33. 学生的激励政策					

附录 D　冰雪运动特色学校评价指标

表附 D-1　冰雪运动特色学校评价指标

一级指标	二级指标	三级指标	满分	评分
A 教学与课外活动 25 分	A1 课堂教学 8 分	A11 冬季每周开设冰雪体育课课时数	4	
		A12 体育课开设的冰雪项目数量	4	
	A2 课外活动 8 分	A21 课外活动的保障水平	2	
		A22 冰雪课外活动学生参与比例	2	
		A23 每年举办冰雪竞赛与文化活动次数	2	
		A24 冰雪项目学生体育社团数量	2	
	A3 教学成效 9 分	A31 学生体质健康标准合格率	3	
		A32 学生掌握冰雪运动技能情况	3	
		A33 冰雪项目校本课程数量	3	
B 训练与竞赛 25 分	B1 校内竞赛 8 分	B11 校内竞赛项目及数量	4	
		B12 学生参加校内竞赛的比例	4	
	B2 校外竞赛 9 分	B21 学生校外竞赛参加的项目	3	
		B22 参加校外竞赛次数	3	
		B23 冰雪项目后备人才项目及数量	3	
	B3 课余训练 8 分	B31 冰雪项目训练队人数	4	
		B32 冰雪项目训练队每周训练频次	4	
C 条件保障 26 分	C1 安全保障 8 分	C11 安全标识牌完备	2	
		C12 体育课护具佩戴率	2	
		C13 学生运动意外险投保率	2	
		C14 安全责任落实到个人	2	
	C2 场地器材 6 分	C21 学生冰雪体育课器材满足需求	3	
		C22 学校可使用冰场面积	3	
	C3 人员保障 6 分	C31 教师课外指导计入工作量	2	
		C32 每年教师培训人次	2	
		C33 冰雪专项教师人数	2	

表附 D-1（续）

一级指标	二级指标	三级指标	满分	评分
C 条件 保障 26 分	C4 资金保障 6 分	C41 学校体育经费量	2	
		C42 冰雪项目专项经费量	2	
		C43 社会赞助经费量	2	
D 组织领导 24 分	D1 组织机制 12 分	D11 部门间的协同程度	4	
		D12 管理机构设置的完备程度	4	
		D13 规章制度的完善和执行力	4	
	D2 激励机制 12 分	D21 教师的奖励政策	6	
		D22 学生的激励政策	6	

附录 E 冰雪体育联盟章程

第一章 总 则

第一条 为贯彻落实国务院办公厅《关于强化学校体育促进学生身心健康全面发展的意见》（国办发〔2016〕27 号）精神，推进体育教育资源共享，支持高等学校牵头组建运动项目联盟，提升体育教学水平。加强哈尔滨市高校学校体育教学开放合作与资源共享，由部分高校牵头，联合社会企事业和民间团体，组建学校冰雪体育联盟（以下简称联盟），它是学校冰雪体育教学和竞赛的协作组织。

第二条 联盟的宗旨：以共建、共享的发展理念为指导，整合各学校和社会体育资源，推进冰雪体育教学、学生群体育活动、学生竞赛、教师能力培养等方面改革，实现区域内学校冰雪教育资源共享、优势互补，为青少年冰雪运动服务。

第三条 联盟的目标：逐步建立相互交融、优势互补、资源共享、特色鲜明的优质冰雪教育资源开放平台，为学生提供更加优质的冰雪体育和运动环境；逐步实现校际教师互聘、课程互选、学分互认、场馆互享、信息互通，构建多领域高水平的跨校合作模式。

第二章 组 织

第四条 联盟目前成员单位有：

第五条 联盟管理委员会。是由成员单位主管校（院）长组成的联盟管理机构，成员单位推荐一个主席单位，负责协调相关合作事宜，主席单位实行轮流制。

第六条 联盟工作领导小组，是由各成员单位体育部门领导组成的工作机构。领导小组在联盟管理委员会的领导下实行例会制度，负责组织、协调及实施教学资源共享方案。

第七条 联盟工作领导小组下设专项工作组，是体育教学、场馆资源、群体竞赛、教师资源共享等专项工作机构。处理联盟范围内的日常工作，工作组成员由各成员单位体育部门负责人组成。

第三章　职　责

第八条　联盟管理委员会职责

对重要的合作事项进行审议和决策，积极推动联盟优质教育资源共享工作。

第九条　联盟工作领导小组职责

在联盟管理委员会领导下，贯彻执行联盟管理委员会的决策与决定，为联盟管理委员会的决策提供依据。

第十条　专项工作组的主要职责

（一）教学工作组

负责联盟各成员单位之间学生选课、课程安排、师资安排、学分计算与认定、考试安排、成绩核定等相关管理工作。

（二）竞赛工作组

负责联盟各成员单位学生冰雪竞赛组织与管理等工作。

（三）资源共享工作组

负责联盟场馆资源共建共享，构建统一、智能的校园场馆资源共享平台，实现冰雪运动场馆的开放与共享。负责联盟各成员单位之间教师互聘、资源共享与管理等工作。

第四章　义务与权利

第十一条　成员单位的义务

（一）按照人才培养目标和联盟建设的要求，提供优质冰雪课程资源，使学生能够充分享有跨校选课的自主权。各成员单位按合作计划提供课程，对联盟内所有符合选课条件的学生开放课程。

（二）向联盟提出可供开放共享的场馆资源，由联盟工作组进行统筹，通过联盟及时发布信息，供各校共享。

（三）充分挖掘师资潜力，建立师资资源库，实现师资共享。制定统一的跨校互聘教师办法，妥善处理好教师的考核、工作量计算和酬金发放等问题。

（四）积极构建体育教学和场馆资源信息交流共享平台，实行教学与场馆信息的网络化、移动化、智能化管理。

（五）积极支持联盟管理委员会、联盟工作领导小组以及各专项工作组的工作，并提供必要的条件保障。

第十二条　成员单位的权利

（一）联盟中各成员单位地位平等，各成员单位在联盟中的地位不受提供共享资源数量的影响。

（二）各成员单位提供合作资源不以营利为目的，但有获得合理补偿的权利。

（三）各成员单位有权平等享用联盟成员学校按合作计划提供的共享资源。

（四）各成员单位有权向联盟委员会提出建议，就有关的合作事项进行讨论、协调。

（五）各成员单位有退出联盟的权利。

第五章　附　则

第十三条　本章程自公布之日起施行，其解释权、修订权归联盟委员会。